RADELZEIT IM RUHRGEBIET

Herrlich entspannte Touren zum Runterschalten & Genießen

Martin Müller

MARTIN MÜLLER

ÜBER MICH

Ohne Fahrrad ist mein Leben kaum denkbar. Etwa wenn ich vom Schreibtisch aufstehe und mich im Netz grüner Trassen des Ruhrgebiets entspannend abstrample. Oder mit dem Zug in europäische Metropolen reise und Texte und Fotografie für Magazine und Verlage erarbeite. Am Bahnsteig wird das Faltrad entpackt und passend kleines Gepäck geschultert. Der Rest ist Vergnügen an der Beweglichkeit, die Inspiration für Reportagen schafft. Mein Auto ist längst abgeschafft.

Meine persönliche Radelweisheit:

» **Beim Radeln kann ich mit neuen Gedanken Schritt halten.**

LIEBE LESERIN, LIEBER LESER,

Radfahren im Ruhrgebiet? In vielen der 53 Gemeinden kein Vergnügen. Aber mit dem Strukturwandel wurden obsolete industrielle Bahnstrecken zu Radtrassen geliftet. Ebene Streckenführung und famose Brücken bilden eine Steilvorlage für ein sich vom Niederhein bis zum Ostpol des Potts spannendes Netz aus Schleichwegen, außer Sicht vom Stadtleben.

Man erobert sich die revitalisierte Emscher, Lippe, Ruhr, Rhein und Schifffahrtskanäle. Macht Station an Ex-Industriekathedralen von Weltrang und bewundert den ergrünten Ruhrpott von Haldenhöhen, die mystische Kulturorte und sportliche Rampen zugleich sind. Immer geleitet von einem tollen Wegweiser-System.

Eine herrlich entspannte Radelzeit wünscht

INHALT

UND SONST SO?

UNTERWEGS AUF DEN SCHÖNSTEN STRECKEN ...

EMSCHERINSEL

» Von einem Jachthafen aus vorbei an Kanalanglern und -badern und einem Berg an Kraftwerkskohle flutscht man wirklich durchs Herz des Ruhrpotts. Tour 11, zwischen Stölting Harbor und der schönen Kanalstelle, S. 114

DER ÜBERFLIEGER

» Die Nordbahn ist Wuppertals Highline, nur höher und länger als in New York. Man fliegt über Viadukte, durch Tunnel und an meterweise Street-Art vorbei. Tour 2, zwischen Utopiastadt und Wichlinghauser Viadukt, S. 24

RHEINDAMM MIT SPEED

» Am Rhein ankommen, den Rheindamm auskosten, zweimal über Brücken fliegen, und dann auf einen Hügel quasi mitten im Stahlwerk zum Stehen kommen. Tour 12, zwischen Deichpark Laar und Alsumer Berg, S. 124

IMMER AM WASSER ENTLANG

» In Bochum an die Ruhr gekuschelt, mal links, mal rechts. Am Baldeneysee in Essen findet die Flussreise dann ein Traumfinale am Uferweg. Tour 3, zwischen Dahlhauser Ruhrwehr zum Baldeneysee, S. 34

RASANT ÜBERN GOLFPLATZ

» Die Jacobi-Bahntrasse bietet als Vorspiel eine Bergabfahrt, geht in Grüntöne von Wald und Golfplatz über und endet an einer verspielten Kanalbrücke. Tour 19, zwischen Halde Haniel, Golfplatz und Slinky Springs to Fame, S. 194

AUF ADLERSUCHE

» Das bezauberndste Teilstück Niederrhein im Ruhrgebiet wartet in einer nur fast komplett verlandeten Rheinkurve mit möglichen Seeadler-Sichtungen. Tour 16, zwischen Eisenbahnviadukt und Rheinfähren-Restaurant, S. 164

EILE MIT WEILE

» Die Asphaltpiste durchs Baumspalier des Alleenradwegs reizt zum geschwinden Pedaltritt, wäre da nicht die einladende Möblierung mit urigen Sitzgruppen. Tour 20, zwischen Altem Bahnhof Lenningsen und Unna-Königsborn, S. 204

ALLE TOUREN IM ÜBERBLICK

Ahlen
HAMM
#18 VON LIPPE ZUR RUHR
Lünen
TIEF IM OSTEN
#20
Werl
Unna
DORTMUND
#13 EIN BLAUES WUNDER
#6
Möhnesee
RUHR MIT ALTAR
UND PLANETEN
#7 DIE RUHR MIT GANZ VIEL RUHE
Arnsberg
Iserlohn
HAGEN
Sorpesee
Lüdenscheid
Plettenberg

... UND AUCH PAUSE MACHEN NICHT VERGESSEN

ROMANTIK TRIFFT MODERNE

» Im kleinen Schlosspark von Bochum-Weitmar verdichten sich Stahlskulpturen, drei Museen, Teichidyll und zwei Sandsteinruinen zum Gesamtkunstwerk. Tour 3, Stopp 2, Schlosspark Weitmar, S. 38

KULT-IMBISS AN RADWEG-KREUZUNG

» Diese Rasenterrasse im Grünen ist Kult. An Holgers Erzbahnbude gibt's neben flüssiger und fester Stärkung auch Werkzeug und Tipps von Trassenprofis. Tour 1, Stopp 3, Erzbahnbude, S. 19

HERZ DES KOHLEREVIERS

» Zeche und Kokerei sind bauliche Ikonen und Weltkulturerbe. Eine rote Rolltreppe steigt wie eine Aorta ins Ruhrmuseum. Auf der Plaza Pommes essen. Tour 5, Stopp 3, Zeche Zollverein, S. 58

STAHLERBE MIT AUSSICHT UND WURST

» Aus einem Stahlwerk wurde der riesige Landschaftspark Duisburg-Nord. Vom Hochofen 5 gewinnt man den Überblick, bevor unten Currywurst den Magen schließt. Tour 12, Stopp 1, Landschaftspark Duisburg-Nord, S. 128

VERWUNSCHENES BURGDORF

» Die anmutigste Sicht auf den Turm der Burg Blankenstein gelingt vom Landschaftsgarten nebenan. Das schönste Ruhrpanorama vom Aussichtsbalkon Belvédère. Tour 9, Stopp 5, Blankenstein, S. 100

GIPFEL DER HALDENKUNST

» Tiger & Turtle ist ein begehbares Looping-Kunstwerk in Duisburg am Rhein mit atemberaubendem Haldenblick auf ringsum noch aktive Stahlwerke Tour 14, Stopp 3, Tiger & Turtle, S. 149

AUS SCHEISSE WERDE KUNST

» Wie aus Emscher-Klärwerkbecken in Bottrop-Berne ein Amphitheater für Pflanzen gestaltet wurde, ist die hohe Kunst der Renaturalisierung im Ruhrpott. Tour 11, Stopp 6, Berne-Park, S. 120

EINFACH LOSRADELN

Die Radelpausen

>Start
Hauptbahnhof Bochum

KM 2

1 Westpark Bochum
Grüne City-Lunge und Kulturmagnet

KM 5,5

2 Siedlung Dahlhauser Heide
Gartendorf am Trassenrand

KM 10

3 Erzbahnbude
Kult-Picknick und fachsimpeln bei Holger

BRÜCKEN DES RUHRPOTT-WANDELS

1

Beherzt von Bochum nach Herne

Vom postindustriellen Westpark Bochums rollt es sich bequem über Brücken der Erzbahntrasse zum Rhein-Herne-Kanal, ganz unmerklich durch drei Städte. Ein Waldpfad mit Zechen-Stopp gipfelt auf der enormen Halde Hoheward mit viel Überblick. Bis zum Finale am Wasserschloss in Herne hat man noch zwei Städte gestreift.

KM 20,5

4 Zeche Ewald

Kreative Fotografie mit Lost-Place-Appeal

KM 22,5

5 Halde Hoheward

Aus luftiger Höhe übers Ruhrgebiet schauen

KM 29,5

6 Schloss Strünkede

Tourabschluss im Park-Ambiente genießen

KM 30 » ZIEL

U-Bahnhof Schloss Strünkede

EINE PRISE HÖHEN-SCHWINDEL GEFÄLLIG?

Bitteschön! Im ersten Drittel der Tour können gleich 15 Stationen dieses Kribbeln erzeugen. Denn über diese Anzahl Brücken geht's vom **Westpark** zum Rhein-Herne-Kanal. Die meisten dienten der zehn Kilometer langen Bahnstrecke für den Erz-Transport vom Gelsenkirchener Kanalhafen zum Bochumer Stahlwerk. Den Hafen gibt's noch, die Brücken wurden umgerüstet für die Radstrecke Erzbahntrasse, das Stahlwerk-Areal ist nun ein Volkspark.

Geradelt wird leicht bergab gegen die alte Lastfahrtrichtung. Atemberaubend in ihrer leichten, schwungvollen Gestalt sind die vom berühmten Ingenieur Jörg Schlaich entworfenen Endstücke Erzbahnbrücke und Grimberger Sichel. Das Echo der Malocherzeit hallt nicht nur im Stahlfachwerk mancher Brücke wider. Eine **Arbeitersiedlung** gewährt Einblicke ins Menschliche. Ein **Imbiss** verschluckt sich nicht an zu viel Style. Und ein paar eiförmige Ein-Mann-Bunker am Wegesrand verraten, wo Lokführer vor Bomberangriffen im Zweiten Weltkrieg Schutz suchten.

DAS KULTIGE AM RADLER-IMBISS ERZBAHNBUDE IST GENAU DAS UNKULTIGE

Nach der Erzbahntrasse schwingt sich die Route über den Kanal ins naturgeschützte Waldgebiet von Gelsenkirchen-Resse. Statt Gleitfahrt über Asphalt hüpfen nun Pfad und Waldweg durchs Dickicht. Statt Höhenflug warten Unterholz und Pilzgeruch. Und mittendrin ein geheimnisvoll wirkender Waldsee. Der Ewaldsee ist ebenfalls industrielles Relikt, denn das vogelreiche Stillgewässer entstand im Zug des Baus der nahen Autobahn.

Der See trägt denselben Namen wie jenes **Zechen-Ungetüm**, das jäh am Waldrand auftaucht. Und ja, man hat schon wieder unbemerkt die Stadt gewechselt – Ewald liegt in Herten. Direkt vor der Brust hat Ewald **Europas größtes Haldengebiet** – und damit beginnt der steile Anstieg auf ein entrücktes Plateau mit Panorama pur.

Serpentinen-Abfahrt nach Herne! Über die fast komplett renaturierte Fluss-Kloake der Emscher und entlang des schon liebgewonnenen Kanals mit einem schneeweißen Heizkraftwerk, aber auch mit guten Angelgründen endet die Reise an einem **Wasserschloss**-Idyll. «

Schwungvoll über die Grimberger Sichel.

Elanvoll unter einer Eisenbahnbrücke über den Kanal.

Mit Muße durch die Resser Mark, Gelsenkirchens größten Wald.

Radeln & Genießen

»START

Hauptbahnhof Bochum

Vom Vorderausgang durch die Massenbergstraße am Rathaus vorbei bis zu einem markanten Gebäude mit Backsteinfassade rechter Hand, dort rechts in den Westpark.

Cooler Kultort im Westpark an der famosen Erzbahnschwinge.

KM 2

Westpark Bochum

Grüne City-Lunge und Kulturmagnet

Wie aus einem abgeriegelten Stahlwerk ein Volkspark wurde, lässt sich auf einer kurzen Radrunde durch den Westpark erfahren. Dabei stoppt man auf Aussichtsbalkonen und Bänken, von wo aus sich der Blick auf die deutlich niedriger liegende Umgebung sowie Highlights des Parks öffnet. Etwa der vom Stahlwerk verbliebene Jahrhunderthallen-Komplex, heute ein Veranstaltungsort für Kultur. Oder eine Graffiti-Künstlern vorbehaltene enorme Betonwand. Der Rundweg streift postindustriell angesiedelte Vegetation, etwa Sommerflieder. Am nordwestlichen Parkende schwingt die fantastische Brücke Erzbahnschwinge wie ein Hochseil durch Baumkronen hinüber zur Erzbahntrasse. Ein Fotomotiv aus dieser Warte sind die unterhalb verkehrenden, mit Stahlprodukten beladenen Güterzüge.

Nach der Querung der A40 und eines kleinen Gewerbegebiets mit Förderturmrelikt geht's von der Trasse beschildert ab über die Hordeler Straße direkt in die Siedlung.

Fachwerk und viel Dach in der gartenstädtischen Bochumer Bergarbeiter-Siedlung Dahlhauser Heide.

Lockere Gestaltung macht die Radlerrast Erzbahnbude zur Kultstätte im Pott.

KM 5,5

2

Siedlung Dahlhauser Heide

Gartendorf am Trassenrand

Mal eine Viertelstunde von der Trasse schweifen und aus der Zeit fallen! Hinein in eine Ex-Malocherheimat als heute filmreifes Vorstadtidyll! Vor einem Jahrhundert konzipierte man für die Kumpels der nahen Zeche Hannover ein Großdorf im Gartenstadt-Stil mit gut 700 Wohneinheiten auf dem alten Areal des Gutshofs Dahlhausen. Die Pause hier ist also aktiv im kleinen Gang. Eintauchen in die toll gepflegte Fachwerk-Anmutung des intimen Straßennetzes nebst dem ländlichen Ambiente einer Reitvereins-Koppel. Unter einer Brücke hindurch geht's dann wieder zur Erzbahntrasse. Hier warten die kantige rote Erzbahnbrücke 4 und der informative Radwegs-Knotenpunkt 47.

Nach rechts wieder auf die Erzbahntrasse eingefädelt, geht's über weitere vier Brücken und relativ eben zum nächsten großen Kreuzungspunkt mit der Kray-Wanner-Bahntrasse.

KM 10

3

Erzbahnbude

Kult-Picknick und fachsimpeln bei Holger

Zeit zum Pausensnack in lauschiger Outdoor-Lounge mit Bike-Nerds. Am Knotenpunkt – Vorsicht: betriebsame Kreuzung! – lockt Holgers Erzbahnbude mit Kaffee, Kuchen, Bier, Reifenluft, Werkzeug, Liegestühlen und Dixieklo. Der Imbisswagen auf der Wiese genießt ruhrweiten Ruf für freundliches Miteinander, einen Zweirad-Stammtisch, den Ein-Mann-Bunker mit Sonnenbank, Zweiradmodelle wie von Daniel Düsentrieb gebaut und den charismatischen Gastgeber Holger. Nachmittags zupft mal ein Gitarrenbauer, sonntags wird gegrillt. Holger verkauft ein Bio-T-Shirt mit aufgedrucktem Potpourri der Erzbahn-Highlights!

Die Trasse wird vom Brückenschwung der Grimberger Sichel über den Rhein-Herne-Kanal am Gelsenkirchener Hafen beendet. Direkt danach quert man eine Hauptstraße und verschwindet im großen Naturschutzwald. An einer Waldkreuzung rechts, später links über die Emscher bis zum ruhigen Ewald-See und zur Zeche Ewald.

Nicht alles wurde saniert auf dem Gelände der Zeche Ewald.

KM 20,5

4

Zeche Ewald

Kreative Fotografie mit Lost-Place-Appeal

Erneut dieser Strukturwandel! Früher Steinkohleförderung, heute Event-Location nebst Zukunftsforschung. (eventlocation-ruhrgebiet.de/zeche-ewald) Umgenutzte Zechenhallen kontrastieren mit einem Wasserstoff-Kompetenz-Zentrum. Bis zu ihrer Schließung im Jahr 2000 schufteten 4000 Leute auf der Zeche in Herten. Auf dem Gelände stöbert und fotografiert man staunend in roher Industriekulisse mit Doppelstreben-Förderturm, entdeckt Libellen in Ecken mit Lost-Place-Charme und entspannt an Outdoor-Tischen eines guten Imbiss im Schatten des Malakowturms. Currywurst und Bier passen zum Ambiente. (moto-schacht7.de)

Der sehr steile Aufstieg zur Halde Hoheward funktioniert über ganz viele Stufen oder – besser – über eine lange Asphaltrampe.

KM 22,5

5

Halde Hoheward

Aus luftiger Höhe übers Ruhrgebiet schauen

Welch eine Weitsicht! Ein sechs Kilometer langer Rundweg mit zehn Aussichtsbalkonen führt auf halber Höhe um den Landschaftspark. Auf dem Plateau rückt bei guter Sicht aus der Spitzenhöhe von 152 Metern sogar der 50 Kilometer entfernte Düsseldorfer Fernsehturm in den Blick. Spektakulär erhebt sich die Zwei-Bogen-Skulptur eines Himmelsobservatoriums – Meridian und Himmelsäquator. Sie erlitten Risse, Schwingungen durch die nie ganz stabile Haldenschüttung geschuldet. Ein stählerner Sonnenuhr-Obelisk wirft einen wandernden Schatten. Gleitschirmflieger vermitteln das Gefühl, irgendwie zwischen Himmel und Erde zu stehen. Mit der märchenhaften Drachenbrücke am Haldenfuß endet der zwei Kilometer lange Serpentinen-Abstieg.

Am Brückenende erreicht man über die Cranger Straße, nach Süden gewendet, bald die zu kreuzenden Emscher und Rhein-Herne-Kanal. Links runter zum Kanal und am Heizkraftwerk entlang auf schönem Uferweg unter einer fotogenen stählernen Eisenbahn hindurch, bis der Faulturm des Klärwerks Herne am anderen Ufer liegt. Dort geht's rechts kurz durch ein Gewerbegebiet auf den Westring bis zum Schlosspark.

Panorama-Observation auf der Halde.

Abheben von 180 Millionen Tonnen Bergematerial der Halde Hoheward.

EXTRA INFOS:

Entlang der Erzbahntrasse informiert der Regionalverband Ruhr auf großen **Tafeln** über die Historie von Industrie und Brücken. (route-industriekultur.ruhr)

An der Brücke Grimberger Sichel liegt ● **Zoom**, der Gelsenkirchener Zoo. Man erhält durch Fenster in der Begrenzungsmauer entlang des Radwegs Einblick in den zeitgemäß als Erlebniswelt gestalteten Zoo – manchmal hört man das Tierleben von der Grimberger Sichel. (zoom-erlebniswelt.de)

KM 29,5

6 Schloss Strünkede

Tourabschluss im Park-Ambiente genießen

KM 30 » ZIEL

U-Bahnhof Schloss Strünkede

Dass ein Schlösschen mit Wassergraben diese Tour beendet, ist sicher etwas unerwartet. Aber das Finale in Herne bietet genau das, und der Schlosspark lädt zum Spaziergang ein. Fast noch schöner ist es aber, sich im Innenhof des nun zur Stadt gehörenden Gebäude-Ensembles auf einer Mauer oder an Tischen zu entspannen. Das ist meist bis 17 Uhr möglich, denn so lange hat das hier eingezogene Emschertal-Museum geöffnet. (herne.de/Kultur-und-Freizeit/Museen/Emschertal-Museum) In der Forellstraße am Nordrand des Parks finden sich eine Pizzeria, ein Grieche und ein italienisches Eiscafé.

Die U35 hält direkt am Schloss und verbindet zum Herner Hauptbahnhof (1 Min.) und zum Bochumer Hauptbahnhof (15 Min.).

Vor bald 800 Jahren wurde die Ritterburg Strünkede erstmals erwähnt.

AUF EINEN BLICK

- **Start:** Hauptbahnhof Bochum
- **Ziel:** U-Bahnhof Schloss Strünkede
- **Strecke/reine Radelzeit:** 30 km (Streckentour), 3 Std.
- **Höhenmeter:** ↗134 m, ↘181 m
- **Wegbeschaffenheit:** Asphalt, Kies und etwas Waldboden.
- **Beste Zeit:** Ganzjährig. Weil die Route oft von Busch und Wald eingerahmt ist, ändert sich die Stimmung mit der Jahreszeit.
- **Kombinierbar mit:** Anknüpfung an Tour 4, auf Erzbahntrasse kurz überlappend.
- **Mitnehmen:** Fotoapparat, Sonnencreme, Wasserflasche.

START
Bochum Hauptbahnhof
1 Jahrhunderthalle Westpark Bochum
2 Siedlung Dahlhauser Heide
3 Erzbahnbude
FOTOSTOPP ROTE BRÜCKE AN ERZBAHNTRASSE
RECHTER HAND RECKT SICH DER FÖRDERTURM CAROLINENGLÜCK
GELSENKIRCHEN
BOCHUM
HERNE
BISMARCK
HOLSTERHAUSEN
SCHALKE
WANNE-BICKERN
ALTENHÖFEN
Düngelbruch
BULMKE-HÜLLEN
Dürerhalde 70
Das Tiefenbrucher Feld
RÖHLINGHAUSEN
EICKEL
RIEMKE
ALTSTADT
Halde LSG Röhlinghausen 100
Halde Hannover 74
Halde Hannibal 88
Tippelsberg 150
Dollenberg
NEUSTADT
Hordelhoffs Feld
ÜCKENDORF
ehem. Halde Hannover 63
GRUMME
ROTTHAUSEN
Skulpturenwald
Halde Rheinelbe
Auf Stepens Feld
Kleine Breite
HAMME
Marbach
Mechtenberg 83
WATTENSCHEID
Lohberg 119
LEITHE
Auf dem Hohlen Wege
Auf der Krummen Ecke
Buschacker
WESTENFELD
Krumme Ecke
L 608
L 633
B 227
B 226
A 43
L 551
A 40
A 448
K 9
0
1
2 KM
N

DIE RADELPAUSEN

» START
Bahnhof Wuppertal-Vohwinkel

KM 5,5
1 Bahnhof Ottenbruch
Stopp mit Boule und Brücke

KM 7
2 Utopiastadt
Bahnhof für Zukünftiges

KM 7,5
3 Kletterwand beim Engelberg-Tunnel
Einfach mal bouldern

2 Weitsicht und Tunnelblick

Von Wuppertaler Höhen ins Tal der Ruhr

Die breit gebaute Nordbahntrasse über Viadukte und durch Tunnel ebnet die Fahrt durchs schroffe Wuppertal. Ex-Bahnhöfe der Rheinischen Bahn sind jetzt Kaffeehäuser, Biergärten und Projekt-Areale. Danach geht's frei von Asphalt durch Wald und Flur runter zur wilden Ruhr.

KM 12,5

4 Wichlinghauser Viadukt
Ins Straßen-Dekolleté fotografieren

KM 32

5 Leinpfad Hattinger Ruhraue
Episches Fluss-Rendezvous

KM 37,5

6 Ruhr-Bodega La Posta
Tapas-Einkehr und Ruhrbad

KM 38 » ZIEL
S-Bahnhof Dahlhausen

DREI ETAPPEN, DREI TEMPERAMENTE

Irgendwann verstummte der Zuglärm hoch über Wuppertal. Ein gutes Jahrzehnt herrschten Wildwuchs und Dornröschenschlaf, bis sich die knapp südlich vom Ruhrgebiet lebenden Anrainer:innen des Bergischen Lands die hochbeinigen Brücken der Industrie-Epoche zurückeroberten. Eine Wuppertalbewegung formierte sich, um dort oben einen Zweiradhimmel zu erschaffen.

Der Bürgerschwung gewann an Fahrt, und seit Ende 2014 gibt's im Wuppertaler Dachgeschoss wieder Bewegung. Jedoch leise. Die alte Bahnspur wurde breit umgebaut, und es wurde ein zusätzlicher Gehweg geschaffen. Trassenmeter wurden privat gestiftet, Patenschaften übernommen. Jetzt kann man über vier Viadukte und durch sechs Tunnel flanieren, bis der Tunnel Schee (722 Meter) nach 23 Kilometern die Nordbahntrasse beendet.

Unterwegs von West nach Ost gibt sich die kühne Highline als eine der Stadt entrückte Freizeitoase für diejenigen, die mit dem Rad, mit Inlinern oder zu Fuß unterwegs sind. Duft von Kaffee, Grillgut und Gewürzen wird alle paar Kilometer an Ex-Bahnhöfen zu Stopps verführen – auch kulturellen: **Bahnhof Ottenbruch** und **Utopiastadt** sind die Highlights. Durchradeln ist hier nicht die Gangart, promenieren eher. Auf Viadukten bremst einen oft genug die Vogelperspektive auf Stadtteile und grüne Höhenzüge aus. Auch die Tunnel sind mit ihren farbigen Lichtakzenten Hingucker und animieren zu Fotostopps – bitte auf dem Fußgängerstreifen. Dazwischen die **Kletterwand**.

DER RADHIMMEL LIEGT HOCH ÜBER DER WUPPER – AN DER RUHR KOMMT MAN DOCH NOCH ANS WASSER

Kurz hinterm letzten Bahnhof ändert sich quasi der Aggregatzustand des Ambientes – radikal. Über geschotterte Pfade im waldigen Grün rauscht man leichten Tritts auf der Ex-Kohlenbahn und über ein **Viadukt** behutsam talwärts. Ab der letzten Tunnelfahrt in Schee ist man faktisch im Ruhrgebiet. Nichts hält nun mehr auf. Ein Richtungsentscheid gen Sprockhövel, dann weiter und weiter wie in Trance, bis man an der Nahtstelle von Hattingen und Bochum-Dahlhausen über eine Hauptstraße zur Ruhr durchschlüpft.

Flussbegleitung per **Leinpfad** heißt die letzte Flach-Etappe ins Abendrot. Führt direkt an ein aufgetischtes Abendbrot in der **Bodega** in Dahlhausen, sehr hübsch am Wasser. Bad in der Ruhr inklusive.

«

Im Herbst leuchten die Trassen von Wuppertal nach Dahlhausen bunt.

Platanenholz-Skulptur vom Bildhauer Hans-Jürgen Hiby nahe dem Tunnel Schee.

Bevor durch diesen Tunnel geradelt wurde, drehten sich hier Tangotänzer.

RADELN & GENIEßEN

» START

Bahnhof Wuppertal-Vohwinkel

Der Vorort-Bahnhof ist über die Hauptbahnhöfe Wuppertal, Essen und Düsseldorf flott zu erreichen. Die Fahrradmitnahme im VRR verlangt ein ganztägig geltendes Zusatzticket. Am Hinterausgang überquert man den P+R-Parkplatz in voller Länge und beginnt an seinem Ende die Reise auf der Nordbahntrasse.

Vorbildlich getrennte Wege für Spazierende und Radelnde.

KM 5,5

Bahnhof Ottenbruch

Stopp mit Boule und Brücke

Der Ex-Halt der Rheinische Strecke war ein wichtiger Güterbahnhof. In den ersten Trassenminuten lockt zwar schon der Bahnhof Varresbeck mit kulinarischem Halt, aber bis Ottenbruch hat man wenigstens schon einige Kilometer absolviert. Und mit dem Tunnel Dorp die erste Dunkeletappe (488 Meter) geschafft. Am alten Bahnhofsgebäude Ottenbruch lockt der Trassengarten zu Fisch, Würstchen und Salaten; die Preise sind moderat (trassengarten.de). Für E-Bikes gibt's Saft. Trassenpatenschaften sorgten für einen Boule-Platz. Erhöhten Blick aufs Trassentreiben gewinnt man hier von einer überquerenden Straßenbrücke im Stadtteil Elberfeld-West.

Einfach weiter in Richtung Osten radeln – hier ist der Weg tatsächlich das Ziel.

KM 7

2 Utopiastadt
Bahnhof für Zukünftiges

Schon die Anfahrt hat's in sich. Auf dem Weg zum Bahnhof Mirke passiert man die Street-Art-Wände »Hall of Fame«, danach die ehemaligen Fabrikhallen der Firma Gold-Zack mit Boulderhalle, Biergarten und tollem Bandwebermuseum (bandwebermuseum-wuppertal.de). In Utopiastadt (www.utopiastadt.eu) sollte das Rad abgestellt werden. Denn das große Freigelände bietet Platz zum Rumlümmeln, Fotografieren und Eisschlecken entlang des orangeroten Riesen-Graffiti »Brand«. Pop-up-Gebäude gehören zum Projekt »Utopiastadt«, einem Kreativ-Netzwerk, das Forschung zu nachhaltiger Stadtentwicklung durchführt. In den Ex-Bahnhof lockt das Café Hutmacher mit kuschligem Stadtterrassen-Ansitz, abgewandt von der Trasse. Hingucker ist der aus alten Büchern gebaute Tresen. (www.facebook.com/beimhutmacher)

Weiter geht's auf gutem Asphalt – bitte nicht auf dem Fußgängerstreifen radeln.

Buchentnahme ist am Tresen von Café Hutmacher NICHT möglich.

Boulderstopp zwischen zwei Tunneln.

KM 7,5

3 Kletterwand beim Engelberg-Tunnel
Einfach mal bouldern

Der sportliche Halt liegt nicht weit entfernt zwischen den Tunneln Dorrenberg (175 Meter) und Engelberg (171 Meter). Die Tunnel an sich sind schon Hingucker, weil sie mit roten und blauen Leuchtdioden Stimmung schaffen. Dazu prangt am ersten Tunnel die Keramikschrift »Tanztunnel«, was auf die Zeit zurückgeht, als die Trasse noch in Planung war und sich vor dem Westportal eine Fläche für Tango-Events befand. Der eigentliche Stopp ist aber eine mit Handgriffen ausgestattete Kletterwand zwischen den Tunneln. Also mal runter vom Rad und etwas Geschick und Mut aufbringen. Man fällt ja nicht tief, und wegen des knallroten Dämpfungsteppichs auch noch federnd und gelenkschonend.

Es geht vorbei an den Ex-Haltestellen Osterbaum, Loh, Rott und Heubruch. Die Tunnel heißen Rott (344 m) und Flatloh (85), die Viadukte Kuhler (Steinweg), Westkotter, Wupperfelder und Wichlinghauser.

Wuppertaler lieben ihre höhergelegte Radstraße.

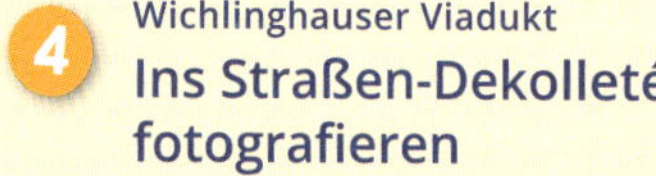

KM 12,5

4

Wichlinghauser Viadukt

Ins Straßen-Dekolleté fotografieren

Dieser Stopp besteht eigentlich aus zwei Pausen zum Schauen und Fotografieren aus der Vogelperspektive. Mit 19 Bögen und 276 Metern Länge ist das Kuhler Viadukt die größte Aussichts-Plattform und spannt sich luftige 27 Meter über der Straße Steinweg. Das zwei Kilometer weiter östlich liegende, 186 Meter lange Wichlinghauser Viadukt, spannt sich sogar luftige 29 Meter über dem Straßenniveau. Diese Überführung bietet ausgebuchtete Nischen im Mauerwerk an, von denen aus Blick und Weitwinkelfoto auf die Bögen hinunter zur Straße gelingen.

Nach dem Viadukt wird die gleichnamige Haltestelle passiert, wo rote Schilder die Richtung für die lange Etappe angeben. Kleine Pfeile leiten einen kurz durch Straßenverkehr. Ab dem langen Tunnel Schee ist man auf glatt verdichtetem Untergrund im Radrevier Ruhr unterwegs. Am Knotenpunkt 7 folgt man der Beschilderung nach Niedersprockhövel. In Hattingen geht's über die Isenbergstraße nach links bis zum Knotenpunkt 26 am Leinpfad.

KM 32

5

Leinpfad Hattinger Ruhraue

Episches Fluss-Rendezvous

Das Ruhr-Rendezvous liegt am beschilderten Radknotenpunkt 26 in Hattingen, wenn man von der Isenbergstraße zum Fluss durchschlüpft. Nach der langen Etappe durch Wald und Flur herunter von Wuppertal weitet die Aussicht den Blick ungemein. Da muss man einfach innehalten und ein paar Schritte am Ufer vertrödeln. Der Name Leinpfad erinnert an die seit 1780 vom Ufer aus durch Pferde mithilfe 400 Meter langer Leinen gegen die Strömung gezogenen Kohlenschiffe – flussauf natürlich ohne Kohle. Statt tiefem Schwarz begegnet den Radelnden jedoch eher ein schneeweißer Schwan. Oder man beobachtet Paddler:innen, die auf der Ruhr trainieren oder flanieren. Der Stopp erdet den erlebten Höhenrausch.

Vom Knotenpunkt 26 geht's links weiter in Richtung der Punkte 27 und 28 in Zielnähe. Die Leinpfadetappe wechselt an der Schwimmbrücke in Bochum-Dahlhausen das Ufer und erreicht dann das Dahlhauser Wehr.

Stadtflucht aufs Viadukt.

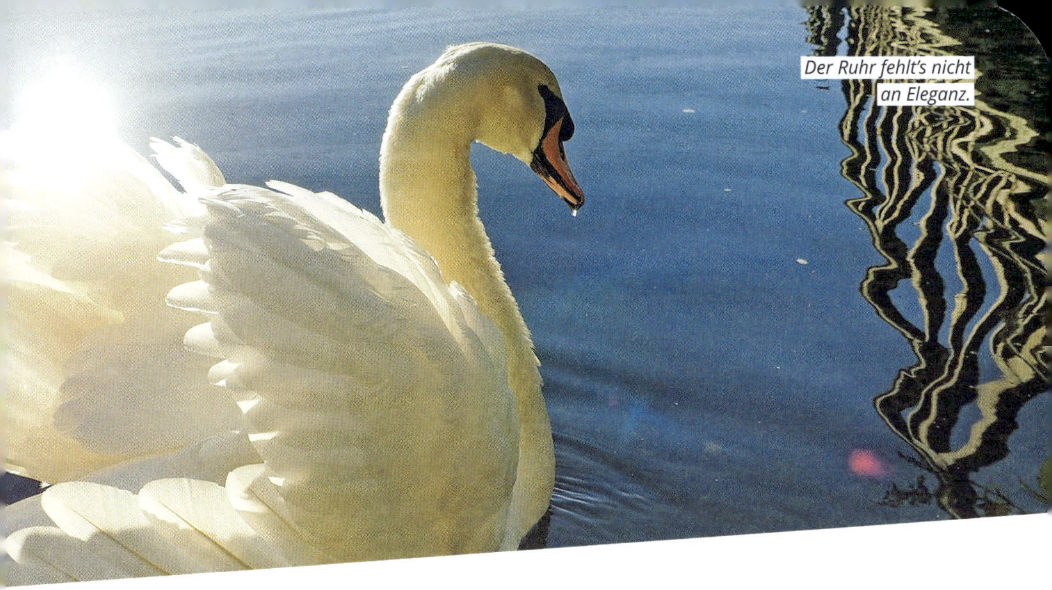

Der Ruhr fehlt's nicht an Eleganz.

KM 37,5

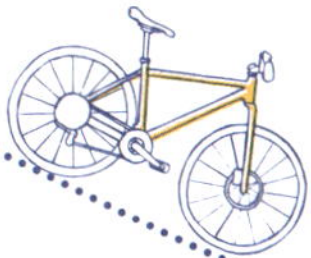

6 Ruhr-Bodega La Posta
Einkehr und Ruhrbad

Das nette Restaurant (ruhr-bodega.de; nur Barzahlung!) mit spanisch ausgerichteter Küche liegt direkt am Fluss und bietet den wunderbaren Abschluss der Reise von den Wuppertaler Höhen in die Niederungen des Ruhrtals. Von der Terrasse liegt das Wehr an der Dahlhauser Schleuse im Blick – mit Bootsrutsche für Flusswanderer. Ob Baden möglich ist, vermeldet die Badeampel 400 Meter weiter westlich. (bochum.de/badestelle)

S-Bahnhof Dahlhausen

Der kleine S-Bahnhof ist nur wenige Minuten entfernt. Dort bestehen Zugverbindungen nach Hattingen oder Essen, Mühlheim und Oberhausen. Die Straßenbahn 308/18 verkehrt zum Bochumer Hauptbahnhof.

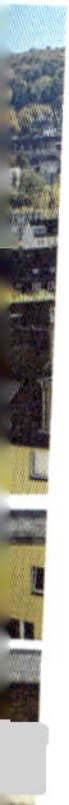

Leckeres Trio an der Ruhr-Bodega.

AUF EINEN BLICK

- **Start:** Bahnhof Wuppertal-Vohwinkel
- **Ziel:** S-Bahnhof Bochum-Dahlhausen
- **Strecke/reine Radelzeit:** 38 km (Streckentour), 3 Std. 30
- **Höhenmeter:** ↗271 m, ↘382 m
- **Wegbeschaffenheit:** Zwei Drittel Asphalt, sonst fester Kies auf Waldtrasse.
- **Beste Zeit:** Frühjahr bis Herbst.
- **Kombinierbar mit:** In Dahlhausen Kreuzung mit Tour 3.
- **Mitnehmen:** Badesachen, Kamera, Bargeld.

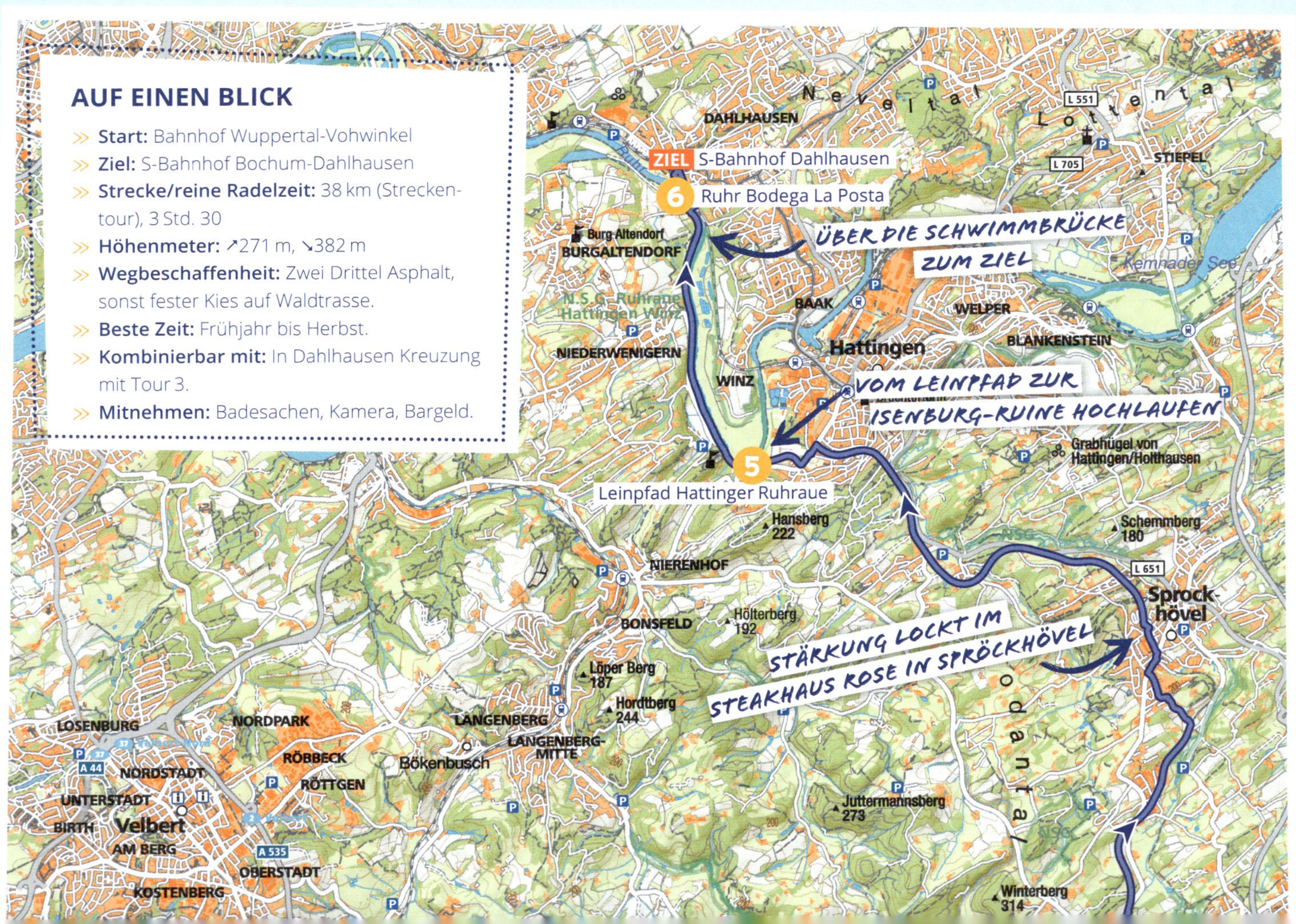

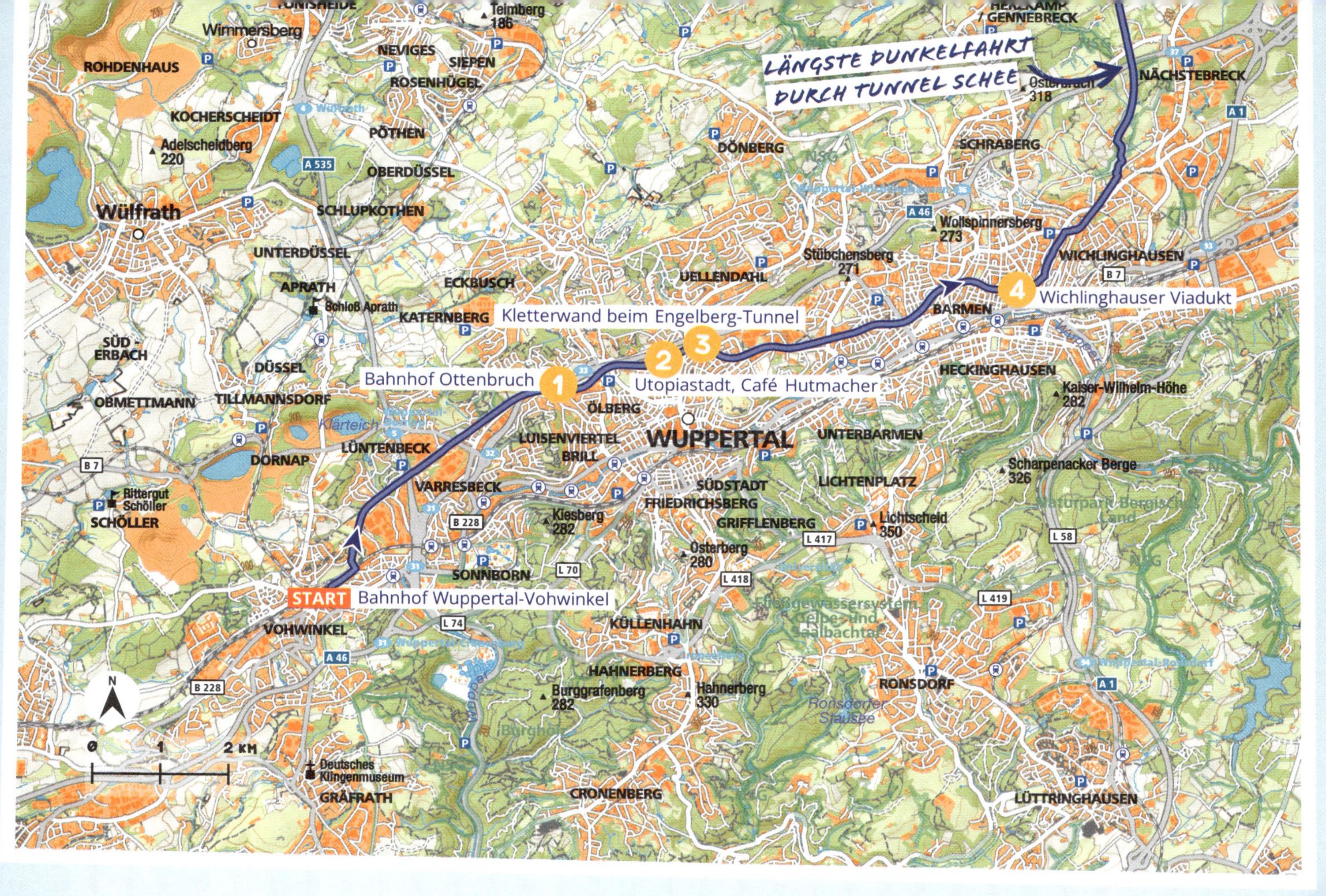
LÄNGSTE DUNKELFAHRT DURCH TUNNEL SCHEE
START Bahnhof Wuppertal-Vohwinkel
1 Bahnhof Ottenbruch
2 Utopiastadt, Café Hutmacher
3 Kletterwand beim Engelberg-Tunnel
4 Wichlinghauser Viadukt
WUPPERTAL
Wülfrath
ROHDENHAUS
Wimmersberg
NEVIGES
SIEPEN
ROSENHÜGEL
Teimberg 186
KOCHERSCHEIDT
Adelscheidberg 220
PÖTHEN
OBERDÜSSEL
SCHLUPKOTHEN
UNTERDÜSSEL
APRATH
Schloß Aprath
ECKBUSCH
KATERNBERG
SÜD-ERBACH
DÜSSEL
OBMETTMANN
TILLMANNSDORF
Klärteich
LÜNTENBECK
DORNAP
Rittergut Schöller
SCHÖLLER
VARRESBECK
LUISENVIERTEL
BRILL
ÖLBERG
Kiesberg 282
SONNBORN
VOHWINKEL
Deutsches Klingenmuseum
GRÄFRATH
Burggrafenberg 282
HAHNERBERG
Hahnerberg 330
KÜLLENHAHN
CRONENBERG
SÜDSTADT
FRIEDRICHSBERG
GRIFFLENBERG
Osterberg 280
LICHTENPLATZ
Lichtscheid 350
UNTERBARMEN
RONSDORF
Ronsdorfer Stausee
LÜTTRINGHAUSEN
HECKINGHAUSEN
Kaiser-Wilhelm-Höhe 282
Scharpenacker Berge 326
BARMEN
WICHLINGHAUSEN
Wollspinnersberg 273
Stübchensberg 271
UELLENDAHL
DÖNBERG
SCHRABERG
Osterbruch 318
NÄCHSTEBRECK
GENNEBRECK
A 1
A 46
A 535
B 7
B 228
L 70
L 74
L 417
L 418
L 419
L 58
0 1 2 KM
N

Die Radelpausen

» Start
Hauptbahnhof Bochum

KM 4

1 Geologischer Garten Bochum
Abtauchen in Erdgeschichte

KM 9

2 Schlosspark Weitmar
Ruinen-Romantik trifft Stahlkunst

KM 13

3 Ruhrwehr Dahlhausen
Flussbad oder einfach nur gucken

3 IM FLOW ZUM SEE

Auf Ruhrpfaden von Bochum zum Essener Baldeneysee

Zuerst gleitet man über den Springorum-Radweg gut geschützt wie durch einen grünen Tunnel, der einen plötzlich in die Weite entlang der kurvigen Ruhr ausspuckt. Das Finale ist die große Schleife um den leicht mondänen Ruhr-Stausee – Baden oft möglich.

KM 27,5

4 Ex-Eisenbahnbrücke Kupferdreh-Heisingen

Rau, aber herzlich, dieser See-Balkon

KM 41

6 Naturschutzgebiet Heisinger Bogen

Im Schritttempo durchs Vogelparadies

KM 35,5

5 Regattaturm am Baldeneysee

Sehen und gesehen werden am Seeufer

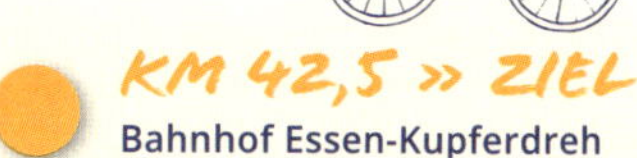

KM 42,5 » ZIEL

Bahnhof Essen-Kupferdreh

PACK DIE BADEHOSE EIN …

Diese Tour hat das Zeug zum Klassiker. Das Fortkommen ist soft, weil keine Bergetappen auf irgendeiner Halde eingestreut sind, von kurzen Rampen in einen **geologischen Lehrkrater** mal abgesehen. Es geht auch nicht um Bergbau, von den Lehrtafeln entlang des Springorum-Radwegs abgesehen. Der Einstieg über die Trasse führt aus dem Bochumer Zentrum wie ein samtgrüner Schleichweg sanft bergab und gönnt sich sogar noch einen recht **verwunschenen Park**, in dem jeden Sommer Shakespearesche Lustspiel-Aufführungen durch Schauspielschüler:innen die ideale Kulisse finden.

Und dennoch weiß man am Ende der Reise, ob man als Radelpaar kompatibel ist. Denn die große mäandernde Strecke entlang der so ungemein idyllischen Ruhr verlockt ja hinter jedem Schlenkerchen, beispielsweise am **Ruhrwehr Dahlhausen**, zum Bad à deux – entweder Zeit verplempern oder Strecke machen, das ist hier die Frage. Und: Vorsicht, die Ruhr ist gar nicht mal so träge!

GÄNSE, KORMORANE, SCHILDKRÖTEN – JEDE MENGE GETIER ZU SEHEN!

Ideal wäre der Trip etwa an einen Montag nach einem geschäftigen Sommer-Wochenende, wo weniger andere Radelbegeisterte die Zweisamkeit stören. Es sei denn, es käme eine johlende Floßpiraten-Crew vorbei. Oder Kanadagänse, die im Frühsommer ihre Knirpse verteidigen.

Alte Wehre, Schornsteine und muskulöse **Eisenbahnbrücken** sind abwechslungsreiche Hingucker auf dem Weg zum letzten, dritten Kapitel dieser Kreuzfahrt im Sattel. Der **Baldeneysee** mit seinem überbordenden Hügelgrün und Alleen rundum will einfach in Gänze umkurvt werden – am tollsten ist die fotogene Stimmung hier später am Tag, wenn schräg einfallendes Licht viele Motive zum Vorteil verändert.

Ein paar Flachgewässer gleich neben dem Stausee in **Essen-Heisingen** verleihen der Seerundfahrt kurz vor dem Ende noch Einblicke ins Treiben von Kormoranen, Rotwangenschmuckschildkröten und Fröschen. Am Ende steigt man also vom Rad, schaut genau hin und verneigt sich still vor der Tierwelt. «

RADELN & GENIEßEN

Sunset-Meditation am Hardenberg-ufer des Baldeneysees.

»START

Hauptbahnhof Bochum

Vom Hinterausgang des Bahnhofs geht's kurz auf die Wittener Straße (B226) bis zur Kreuzung am Lohring, dem man nach links bis zur Straße am Lohberg folgt. Hier rechts einbiegen, wonach kurz darauf der Startpunkt Goerdtsstraße für den Springorum-Radweg signalisiert wird. Kurz darauf, nach der Querung der Querenburger Straße, liegen links große Schulgebäude. Quer über das Gelände des modernen Neuen Gymnasiums wird ein Einstieg zum Geologischen Garten linker Hand erreicht.

KM 4

1 Geologischer Garten Bochum

Abtauchen in Erdgeschichte

Lesen in den geologischen Seiten des Ruhrgebiets.

Mitten in Bochum dieser Krater! Mit Bänken und zentraler Wiese. Die Zugänge sind steil. Ein kurzer Rundweg über 17 Stationen legt geologische Ereignisse der letzten 300 Millionen Jahre offen. Fast wie Buchseiten sind am Steilrand vertikale Strukturen aus Karbon, Kreide und Quartär geschichtet. Was zu Schichtung und Überschiebung führte, wird auf Tafeln erklärt und ist daneben famos erkennbar. An Station 12 wird mal eben eine Ablagerungslücke von 200 Millionen Jahren sichtbar. Schatten findet man unter Urweltmammutbaum und Sumpfzypressen: Letztere waren hier beheimatet und sind ursächlich für die Vorkommen Rheinischer Braunkohle.

Über den Ausgang an Station 1 gelangt man auf gleichem Weg zurück zum Springorum-Radweg. Nach der Unterfahrung einer Brücke mit Sonnenmotivik zweigt man hart links ab in den Park.

KM 9

2 Schlosspark Weitmar

Ruinen-Romantik trifft Stahlkunst

Spaziergang in einem verwunschen wirkenden Parkjuwel. Höchst facettenreich ist das Puzzle aus Ritterburg, Kapelle, Park mit Weiher und Reiher. Größter Hingucker beim kleinen Rundgang ist die Burgruine aus Sandstein, 1592 inmitten eines Wassergrabens erstellt. Ein Glaskubus als Ausstellungsort und Café ragt seit 2000 aus der Ruine und sorgt für maximalen Kontrast, aber auch Sicherung der alten Mauern (baristoteles.de; erst ab 14 Uhr). Verträumt wirkt die Kapellenruine von 1397 mit skulptierten Grabplatten. Im Park und unter alten Bäumen stößt man auf ein Dutzend Werke konkreter Stahlkunst – auch von Richard Serra. Weshalb man für den Kunstgenuss die anderen Galerien (Galerie m, Museum unter Tage) gar nicht erst besuchen muss … aber natürlich kann.

Zurück auf dem Springorum-Radweg leicht abwärts Richtung Bochum-Dahlhausen. Am Endpunkt im Kreisverkehr in die Lewackerstraße abbiegen, dann rechts über die kleine Eisenbahnbrücke Ruhrmühle.

Maximaler historischer und ästhetischer Kontrast: Ruhrsandstein und Glaskubus im Schlosspark Weitmar.

Das Ruhrwehr in Dahlhausen an einer der 16 Ruhrschleusen.

KM 13

Ruhrwehr Dahlhausen

Flussbad oder einfach nur gucken

Welch wilde Sommerfrische am Fluss! An Schönwetter-Wochenenden ist hier Trubel. Das kaum einen Meter höhenversetzte Wehr sorgt für zum Baden genutztes Stauwasser, dazu Mini-Wasserfälle nebst Paddelbootrutsche. Gut besetzte Flöße von den Ruhrpiraten kommen hier an (ruhr-piraten.com). Am anderen Ufer liegt jenseits zweier kleiner Inseln die Ruhrschleuse Dahlhausen. Einfach nur eine Weile dem Treiben zuzuschauen kann schon genügen. Die offizielle Schwimmstelle mit Badeampel liegt nur 400 Meter weiter rechts, also in Fahrtrichtung. Eine sehr große Liegewiese muss man sich mit Kanadagänsen teilen.

Rechts der Ruhr geht's flussab durch ganz viel Ruhr-Panorama, bis an der Kurt-Schumacher-Brücke in Essen-Steele die Flussseite gewechselt wird. Am Radknotenpunkt 51 nach links abbiegen. Am Ende der folgenden Auenlandschaft mit einer Vogelinsel wartet schließlich eine Seebrücke.

PRICKELNDES NASS!

KM 27,5

Ex-Eisenbahnbrücke Kupferdreh-Heisingen

Rau, aber herzlich, dieser See-Balkon

Für die Aussicht vom Brückenschlag über dieses Ende des Sees verlässt man gern kurz das östliche Ufer und stellt das Rad auf einer Brücke ab, die nur Zweiräder und Fußgänger zulässt. Etliche Paddelboote unterfahren die Brücke. Besonders ab dem Nachmittag wird oben flaniert, geklönt und gepicknickt. Sollte sich deshalb hier schon der Appetit melden, wirken hüben ein Biergarten-Kiosk und drüben ein Ufer-Restaurant (nikos-biergarten-am-see.business.site; see-bar.com) einladend, sich z. B. etwas auf die Brücke mitzunehmen. Der Weg über die Brücke wird nach der großen Seerunde vom anderen Ufer aus benutzt.

Zurück ans Ostufer des Seebeginns folgt man dem fast verkehrsbefreiten Hardenbergufer des sich verbreiternden Stausees. Über das Wehr am anderen Ende gelangt man ans Nordufer zur Regattastrecke.

Statt Zügen queren nun Zweiräder das Ostende des Baldeneysees in Essen.

Sportliche Harmonie auf dem Baldeneysee.

Den Regattaturm am größten Ruhr-Stausee gibt's seit 1962.

KM 35,5

5 Regattaturm am Baldeneysee

Sehen und gesehen werden am Seeufer

Das Schokoladenufer aller Ruhr-Stauseen. Finden keine wassersportlichen Großereignisse statt, ist die lange Sitztribüne am Regattaturm eine schöne Erweiterung der Seepromenade. Im Kampfgerichts-Turm ist ein Eiskiosk untergebracht, der zu den Fahrzeiten der Ausflugsboote – »Weiße Flotte« – viel Erfrischendes verkauft. Das Restaurant Südtiroler Stuben ist recht edel und reicht bis auf einen See-Ponton, das griechische Restaurant Hügoloss liegt direkt am kleinen Bahnhof Essen-Hügel. Es gibt viel zu sehen: Rudern und Kajakfahren wird trainiert, Segelboote kreuzen über den See.

Vom Turm geht's von Knotenpunkt 52 ostwärts Richtung Heisingen zum Knotenpunkt 53 und 54. Dieses Ufer hat lange Stücke, die nicht asphaltiert sind und die man wirklich respektvoll radeln sollte, weil sie eigentlich Fußgängern vorbehalten ist – die asphaltierte Radstrecke ist weiter vom Ufer entfernt.

KM 41

6 Naturschutzgebiet Heisinger Bogen

Im Schritttempo durchs Vogelparadies

Im kleinen Naturschutzgebiet schiebt man besser, damit man keine Tiersichtung verpasst. Linker Hand liegen zwei Stillgewässer. Bei Sonne sitzen Schildkröten auf großen Ästen überm Wasser. Rechter Hand sind Kormorane beim Gefiedertrocknen zu beobachten, dazu Schwäne und andere Wasservögel. Die Kormorane sind geschützt und sehr hinter den jungen Fischen her, weshalb man diese saisonal durch Netze schützt. Wieder links, in einem großen, mit Grünpflanzen bedeckten Tümpel, sind Frösche zu hören – und zu sehen, wenn man Geduld aufbringt.

Über die schon bekannte ehemalige Eisenbahnbrücke geht's bald nach der Vogelbeobachtung ausgeschildert zum nahen Bahnhof Kupferdreh. Nicht zum schönen alten Bahnhof – der gehört zum Museumszug Hespertalbahn!

EXTRA INFOS:

In Bochum kommt man am tollen ● **Eisenbahnmuseum Dahlhausen** vorbei. (eisenbahnmuseum-bochum.de)

Über dem Regattaturm des Sees thront die ● **Villa Hügel** der Krupp-Familie sowie der dazugehörige tolle Park. In der Villa stehen oft Ausstellungen auf dem Programm. Wer sich beides ansehen will, zahlt ein paar Euro Eintritt. (villahuegel.de)

KM 42,5 » ZIEL

Bahnhof Essen-Kupferdreh

Teichfrosch im Schutzgebiet Heisinger Bogen.

AUF EINEN BLICK

- **Start:** Hauptbahnhof Bochum
- **Ziel:** Bahnhof Essen Kupferdreh
- **Strecke/reine Radelzeit:** 42,5 km (Streckentour), 3 Std. 30
- **Höhenmeter:** ↗45 m, ↘88 m
- **Wegbeschaffenheit:** Asphalt, Kies und etwas Waldboden.
- **Beste Zeit:** Sommer und Herbst. Nach Starkregen muss man Überflutungsstellen der Ruhr ausweichen.
- **Kombinierbar mit:** Anschlüsse möglich an Tour 1 und Tour 2.
- **Mitnehmen:** Badezeug, Sonnencreme, Kamera mit Teleobjektiv für Stopp 6.

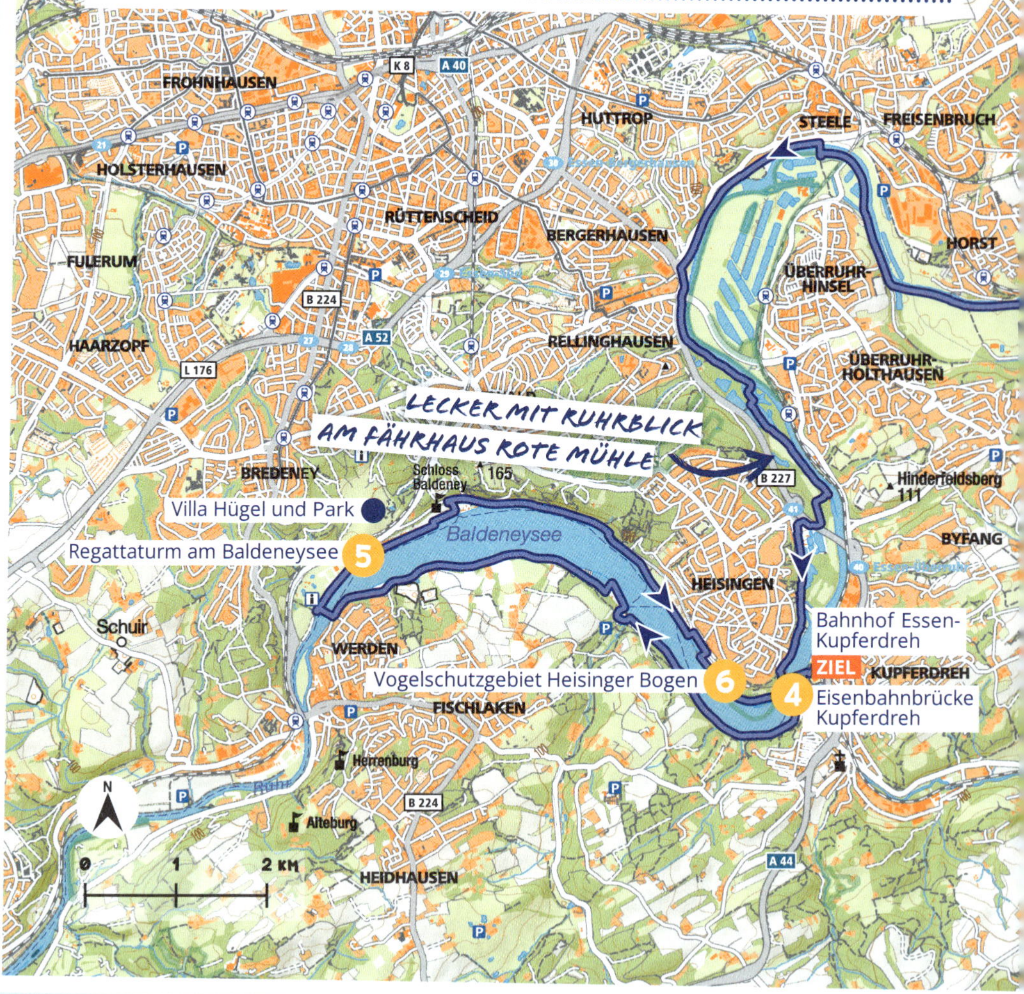

Hauptbahnhof Bochum START
1 Geologischer Garten Bochum
2 Schlosspark Weitmar
SANFTES ROLLEN BERGAB ZUR RUHR ÜBER DIE SPRINGORUMTRASSE
Eisenbahnmuseum Dahlhausen
3 Ruhrwehr Dahlhausen
BLICK AUF ALTES WASSERWERK UND SCHLANKEN SCHORNSTEIN
BOCHUM
INNENSTADT
HAMME
GÜNNIGFELD
ehem. Halde Hannover 63
WATTENSCHEID
Lohberg 119
ALTENBOCHUM
WESTENFELD
SEVINGHAUSEN
WIEMELHAUSEN
HÖNTROP
EPPENDORF
WEITMAR
Kassenberg 130
MUNSCHEID
Nevel tal
Lottental
Zisterzienserkloster Bochum-Stiepel
STIEPEL
DAHLHAUSEN
Kemnader See
BURGALTENDORF
BAAK
WELPER
NIEDERWENIGERN
BLANKENSTEIN
Altes Ruhrbett
Hattingen
WINZ
Bruchtorturm
HOLTHAUSEN
Burg Isenberg
Grabhügel von Hattingen/Holthausen
NIEDERBONSFELD
Heinenberg 187
Schemmberg 180
NIERENHOF
Sprockhövel
B 226
A 40
K 9
L 705
A 448
L 551
L 651
A 43

DIE RADELPAUSEN

» START
U-Bahnhof Schloss Strünkede in Herne

KM 9,5
1 Erlebnispark Emscherland
Brückensprung über Emscher und Kanal

KM 13
2 Waltroper Schleusenpark
Aufzugsinsel für Kanalschiffe

KM 16
3 Gasthof Zur Lohburg
Einkehr bei Kaffee und Kuchen

KANÄLE, EMSCHER, BOOTS-AUFZÜGE 4

Von Herne über Waltrop nach Castrop-Rauxel

Wo Tour 1 endet, schließt sich die Weiterfahrt am Rhein-Herne-Kanal an. Meditatives Rollen entlang zweier Kanäle, ein Brückensprung über das neue Wasserkreuz mit der Emscher sowie das Schiffshebewerk in Waltrop bieten spektakuläre Stopps am Wasser. Haldenkunst in Castrop setzt der Tour die Krone auf.

KM 27,5

4 Halde Schwerin
Zur Krone Castrops aufschwingen

KM 29,5

5 Hammerkopfturm Zeche Erin
Mystisches Kreiseln um den Förderturm

KM 30

6 Schlosspark Goldschmieding
Einen Hauch Irland aufspüren

KM 34,5 » ZIEL
Hauptbahnhof Castrop-Rauxel

MAN RÜMPFT NICHT MEHR DIE NASE ÜBER DIE EMSCHER

Die Reiseroute lässt sich lange Zeit vom Wasser leiten. Schnurgerade Industriekanäle bestimmen den Radelfluss. Unterwegs schieben sich flache Kanalkähne ins Bild. Lautlos. Während der Geradeauspassagen erwischt man sich beim meditativen Zählen von Pedaltritten.

Bis einen plötzlich kolossale Aufreger wecken. Den Anfang macht dieser in architektonischer Versponnenheit triumphierende »**Sprung über die Emscher**« (ab 2024). Ein fast 500 Meter langer Brückenschlag windet sich übers Castroper Wasserkreuz und hält Rhein-Herne-Kanal und Emscher wie ein Diadem zusammen. Der nüchterne Kanal und die lange zum stinkenden Abwassergraben degradierte Emscher werden von einem Schmuckstück überflogen, dass die prosaischen Gewässer poetisch adelt. Eine ästhetische Brücke als Triumph über lange bestimmende industrielle Ratio! Der Emscher wurde seit zwei Jahrzehnten wieder Fluss-Sein beigebracht. Jetzt ist sie sauber. Fehlten nur noch Weinterrassen fürs neue Image. Die ersten Reben sind gepflanzt.

DAZULERNEN, WAS DIE WIRTSCHAFT ANGEHT: DER EMSCHERPARK WIRD ALS ALLMENDE-GENOSSENSCHAFT BETRIEBEN

Der nächste Aufreger ist ein Komplex aus Schiffshebe-Anlagen am **Schleusenpark Waltrop**. Aus einer Zeit, als Industriebauten noch wie Kathedralen gemauert wurden. Ein Hauch von Romantik umgibt deshalb die Insel für Schiffsaufzüge. Beim Hebewerk Henrichenburg stoßen gleich drei Wasserstraßen aufeinander: der Rhein-Herne-Kanal, der Datteln-Hamm-Kanal und der Dortmund-Ems-Kanal. Danach gibt's Einkehr beim **Gasthof Zur Lohburg**.

Die letzte Etappe der Tour wendet sich ab von all dem und schwingt sich ins Castroper Hochland. Sie gipfelt 33 Meter über der Umgebung an einer Landmarke auf einer der ältesten Bergehalden des Reviers. Auch hier gilt wieder, dass man aus Scheiße, respektive Maloche, Gold gemacht hat. Die stählerne Sonnenuhr auf der **Halde Schwerin** ist schon insofern Kunst, weil sie den Blick von der Halde nicht in die Ferne schweifen lässt, sondern ganz bei sich und den Gedanken des Künstlers bleibt.

Abwärts flitzend bremst einen dann kurz vor Schluss der Tour das Erbe der irischen Seele des lokalen Bergbaumoguls aus. Was von der **Zeche Erin** übrig blieb. Turm hier, **Schlosspark** da. «

Bergarbeiter-Siedlung der Zeche Graf Schwerin in Castrop-Rauxel.

Wegweiser des Radwegs Grüne Acht.

Kanalverkehr am Biergarten Haus Hölter: mächtig was los in Castrop-Rauxel.

RADELN & GENIEßEN

»START

U-Bahnhof Schloss Strünkede in Herne

Über die Bahnhofstraße Richtung Norden ist flott der Rhein-Herne-Kanal erreicht, wo nach rechts auf den Radweg am Kanal abgebogen wird. An der Schleuse Herne-Ost die Kanalseite wechseln.

KM 9,5

Erlebnispark Emscherland

Brückensprung über Emscher und Kanal

Hier winkt gleich mehrfacher Genuss. Zuerst das Panorama: Ab 2024 lassen sich am Castroper Wasserkreuz Rhein-Herne-Kanal und Emscher über eine famose Brücke überqueren. Ein über gut 400 Meter recht schmal geführter Steg in Doppel-S-Form bringt Radfahrende gleich zwei Mal über die Emscher. Der Genuss betrifft aber auch den einst üblen Geruch der Ruhrpott-Kloake, der eben nicht mehr in der Luft liegt. Seit der Abwasserfluss nebst zahlreichen Zuflüssen revitalisiert wurde, präsentiert sich die Emscher im Erlebnispark als lieblich mäanderndes Strömchen – der Unrat ist in Rohre verbannt. Neben der Brücke schaffen Kinderspielplatz, Streuobstwiese und Imkerhaus einen Erlebnispark als kleines Naturwunder. Der Blick von einer Hügelterrasse schweift sogar über Weinhänge! (eglv.de/emscher/sprung-ueber-die-emscher)

Über die große Brücke geht's rechts am Kanal weiter zum Schiffshebewerk-Museum und Gastrobus. Auf der Insel rechts vom Wasser radeln, durch die alte Schachtschleuse rollen, dann rechts zur Mußebank auf einer Landspitze im Dortmund-Ems-Kanal.

Die Emscher mäandert wieder!

Statt vieler Schleusen konnte das Schiffshebewerk in Waltrop seit 1899 14 Meter Geländestufe in einem Vorgang überwinden.

KM 13

2 Waltroper Schleusenpark
Aufzugsinsel für Kanalschiffe

Wo ist bloß die beste Stelle, um das imposante romantische Bauwerk zu genießen? Schließlich hat das Industriemuseum für das Schiffshebewerk Henrichenburg zwei Ex-Bootsaufzüge und eine Schachtschleuse. Wäre man hungrig, fiele die Wahl auf den nett geführten Omnibus mit Biergarten direkt neben der burgartigen Hauptfassade. (gastrobus.com) Die kleine Insel mit all den Gebäuden lässt sich in wenigen Minuten erradeln. Zielrichtung ist Osten, vom Rhein-Herne-Kanal zum Dortmund-Ems-Kanal. Auf einer Ausbuchtung der Kanalinsel stehen Bänke sonnengeschützt unterm Baum, und man verfällt hier dem unspektakulären Blick auf den Kanal Richtung Dortmund. Entspannende Beschaulichkeit auf einer Insel mit viel Technikgeschichte. (schiffshebewerk-henrichenburg.lwl.org)

Rechts vom Kanal auf oder neben dem Damm bis zum roten Knotenpunkt 31 an der Oberwieser Brücke, danach nach rechts in die Lohburger Straße bis zum Gasthof. Radelrichtung ist jetzt Süden.

Süße Kalorien am Gasthof Zur Lohburg in Waltrop.

KM 16

3 Gasthof Zur Lohburg
Einkehr bei Kaffee und Kuchen

Liegt linker Hand – aber nicht einfach dort liegen lassen. Die Pension mit Biergarten Zur Lohburg besticht durch gefühlte Abgelegenheit und das ungestylte Wohnzimmer-Ambiente nebst Terrasse. Hier blüht's aber im Sommer auf, wenn Spargel und Erdbeeren in der Umgebung sprießen und auf den Teller wandern. Serviert werden auch Klassiker wie Panhas und Strammer Max, der Kuchen ist oft selbstgebacken und allgemein gilt das Motto: diätfreie Zone! Für Radtourist:innen gibt's persönlichen Rat, Karten und Wegweisung. (lohburg.de)

Kurz nach dem Gasthof links in einen Waldweg. Ab hier den kleinen Schildern des Radwegs Grüne Acht mit einem stilisierten Fahrrad in aufsteigender Nummerngebung folgen (2 bis 5). Dabei werden die Emscher sowie ein Bahnübergang gequert, bevor mit Wegpunkt 5 die Halde erreicht ist.

Der Wassertempel von Peter Strege aus alten Rohren der Grubenwasserhaltung.

KM 27,5

Halde Schwerin

Zur Krone Castrops aufschwingen

Ein von Wald beschatteter Pilgerpfad führt zum Hoch über Castrop. Der Weg auf die Spitze der Bergehalde ist nicht besonders steil. Unterwegs wartet Kunst. »Wassertempel« heißt ein über einer Quelle im Wald stehender meditativer Säulenraum – die Metallsäulen sind Rohre der ehemaligen Zeche. Ein weiteres Kunstwerk ist die wellenförmige hölzerne »Sinus-Pergola«. In 151 Metern Höhe über Normalnull thront eine Sonnenuhr aus 24 Edelstahlstelen. Ein zur Erdachse parallel verlaufender Stab bildet mit der 12-Uhr-Stele ein Dreieck und zeigt durch seinen Schattenwurf die Sonnenzeit an. Künstler Jan Bormann wollte Phänomene wie Sonnenlicht, Energie und Zeit visuell erfahrbar machen. Castrops Krone besticht eher durch Meditation und den Zeitvergleich zwischen Sonnen- und Uhrzeit als durch Weitblick.

Die Richtung wechselt auf Nordwest. Über die Bodelschwinghstraße am Haldenfuß geht's flott bergab zum Hammerkopfturm am grünen Wegpunkt 6.

KM 29,5

5

Hammerkopfturm Zeche Erin

Mystisches Kreiseln um den Förderturm

Kopf in den Nacken. Dieser prächtige Hingucker wirkt leicht kopflastig. Der Hammerkopf-Turmbau ist einer der letzten seiner Art. Dem überkragenden Maschinenhaus auf der Spitze verdankt er den Namen. Der Förderturm über Schacht 3 der Zeche Erin will umschritten werden. Idealerweise hat die Stadt Castrop-Rauxel dafür einen Keltischen Baumkreis um ihn herum gepflanzt. Damit ehrt sie die irische Herkunft des Bergwerk-Gründers Mulvany. Dessen keltischen Vorfahren diente der Baumkreis als Kalender. Jeder Baum repräsentiert einen Charakterzug, übertragbar auf die im Zeitintervall eines Baumes geborenen Menschen. Leider sind die Bäume derzeit nicht benannt. Die Turmumrundung wird also zum mystischen Ratespiel. Leider kann man den Turm nicht einfach besteigen.

Der kurze Abstecher zu Goldschmiedingpark und Ex-Pferderennbahn führt westwärts über die Heinrichstraße.

Natürliche Skulptur am Waldaufgang der Halde.

Kopflastiger Förderturm 3 der Ex-Zeche Erin.

EXTRA INFOS:

Direkt am Hauptbahnhof in Castrop-Rauxel bietet der türkische **Turgut Grill** ein kleines kulinarisches Finale mit gutem Döner.

KM 34,5 » ZIEL

Hauptbahnhof Castrop-Rauxel

KM 30

6 Schlosspark Goldschmieding

Einen Hauch Irland aufspüren

Der Landschaftspark bildet den intimen letzten Stopp dieser Radtour – und eine weitere Begegnung mit dem Erbe des Zechenbesitzers. Der in Düsseldorf wohnende William Thomas Mulvany erstand das Goldschmieding-Haus samt Park – ehemals Ritterburg, heute Restaurant – als Sommersitz. Es gibt heute hübsche Verweilorte zum Picknick oder Foto bei einigen Skulpturen. Wer noch etwas weiter spazieren möchte, läuft vom nicht so großen Park zur anschließenden ehemaligen Naturhindernis-Pferderennbahn des Herrn Mulvany hinüber. Ein Hauch Irland begleitet also den Gang. Der Zechenname Erin ist übrigens eine anglisierte Bezeichnung Irlands.

Zurück zum Hammerkopfturm und nach links bergab über Rieperbergstraße, Grutholzstraße und Bahnhofstraße bis zum Hauptbahnhof.

Taxifahrer-Skulptur im Park Goldschmieding von Daniel Wagenblast.

AUF EINEN BLICK

- » **Start:** U-Bahnhof Schloss Strünkede in Herne
- » **Ziel:** Hauptbahnhof Castrop-Rauxel
- » **Strecke/reine Radelzeit:** 34,5 km (Streckentour), 3 Std.
- » **Höhenmeter:** ↗138 m, ↘131 m
- » **Wegbeschaffenheit:** Viel Kies, Asphalt, etwas Waldboden, eine moderate Steigung zur Halde.
- » **Beste Zeit:** Sommer und Herbst.
- » **Kombinierbar mit:** In Herne Anschluss an Tour 1 möglich.
- » **Mitnehmen:** Baumbestimmungsbuch, Wasserflasche, Sonnencreme.

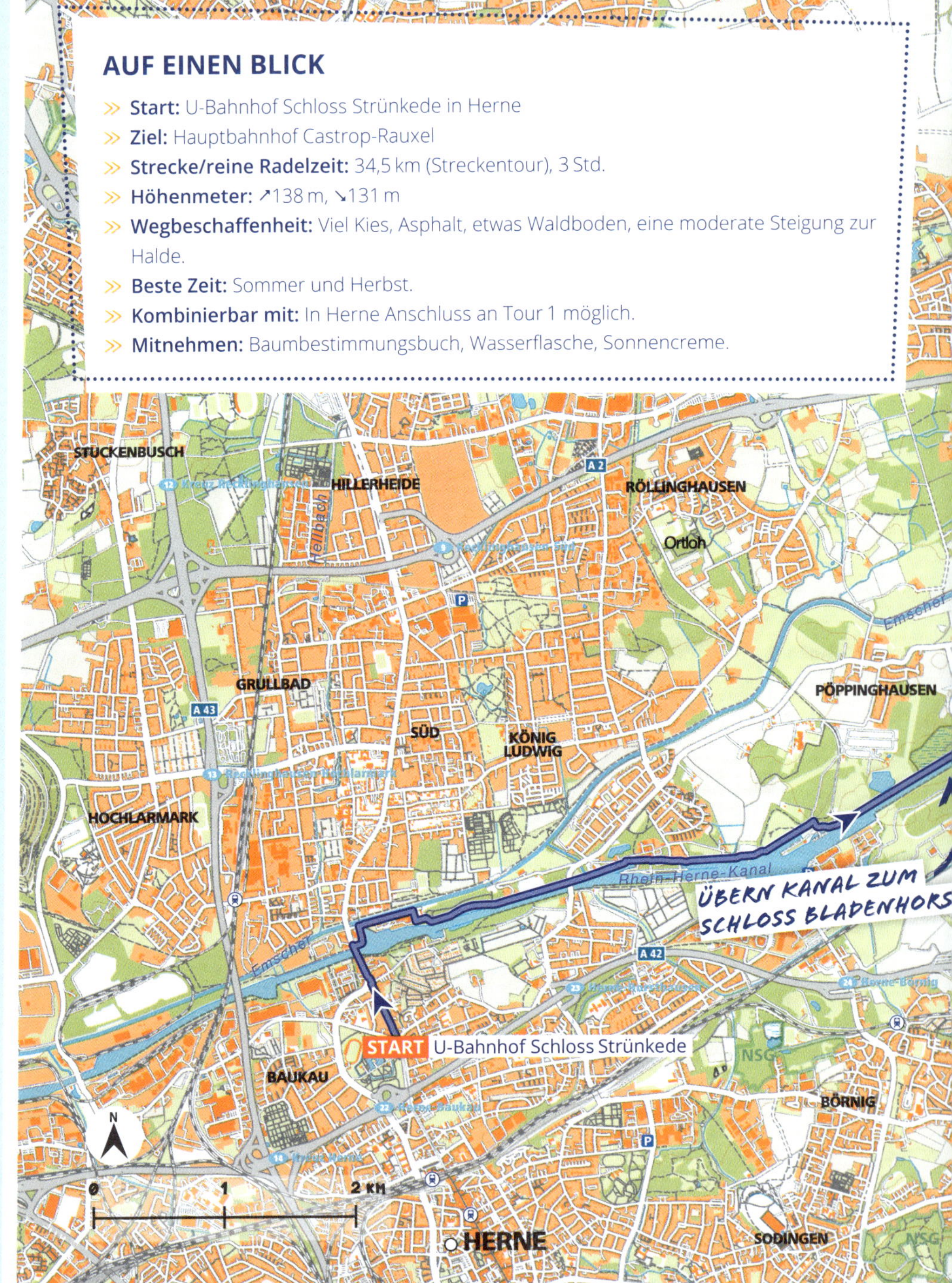

Schiffshebewerk/Gastrobus
2
Bankrast auf Hebewerk-Insel
3
Gasthof Zur Lohburg
1
Erlebnispark Emscherland
Trödeln am Bach
Hauptbahnhof Castrop-Rauxel
ZIEL
Castrop-Rauxel
Kunst anne Bude in Bodelschwingher Strasse 19
Hammerkopf-turm Zeche Erin
5
Schlosspark Goldschmieding
6
Halde Schwerin Sonnenuhr
4
Klutenburg
BECKUM
OBERWIESE
BECKLEM
HENRICHENBURG
LEVERINGHAUSEN
Leveringhauser Vogelteich
Dortmund-Ems-Kanal
Herdiecksbach
ICKERN
HABINGHORST
Groppenbach
Hochwasserrückhaltebecken Mengede
Beerenbruch
Brunosee
BRÜNINGHAUSEN
MENGEDE
BLADENHORST
DEININGHAUSEN
Deininghauser Bach
OESTRICH
Castroper Holz
RAUXEL
BODELSCHWINGH
BEHRINGHAUSEN
Haus Bodelschwingh
CASTROP
OBERCASTROP
SCHWERIN
WESTERFILDE
Roßbach
NSG
B 235
A 2
A 42
A 45

DIE RADELPAUSEN

» START
Hauptbahnhof Wanne-Eickel

KM 3
1 Halde Pluto in Herne
Verschwiegenes Hügelbiotop mit Kanzel

KM 10
2 Himmelstreppe auf die Halde Rheinelbe in Gelsenkirchen
Tempelaura mit göttlicher Aussicht

KM 17,5
3 Restaurant The Mine auf Zeche Zollverein
Kunst, Koks und Kulinarik

VIER HALDEN AUF EINEN STREICH

5

Weitsicht in Herne, Essen und Gelsenkirchen

Diese Tour ist wie gemacht für diejenigen, denen etwas Sport im Radsattel gelegen kommt. Ein Bergprogramm mit vier Höhepunkten, die diesen Titel absolut verdienen. Kultur kommt nicht zu kurz. Im Tal warten Ex-Zechengelände, die als Landschaftsparks und industrielles Weltkulturerbe entwickelt wurden.

KM 24,5

4 Bramme auf Schurenbachhalde

Ascheplateau mit Stahl-Implantat

KM 28

5 Heiner's Biergarten im Nordsternpark

Wurst und Bier unterm herkulischen Knackarsch

KM 36,5

6 Lichtzeichen auf Halde Rungenberg

Vulkanisches Finale zum Sunset genießen

KM 39 » ZIEL

Bahnhof oder Straßenbahn in Buer-Süd

SCHEINVULKANE IM GRÜNEN

Manchmal muss man einfach aus dem Sattel gehen und braucht körperliche Herausforderung. Eigentlich verläuft diese Route flach, denn sie kombiniert mehrere Bahntrassen durch wuseliges Grün. Auch die Wegführung ist dank des Knotenpunktsystems simpel. Der Kick liegt in abrupten Anfahrten auf vier Halden, die ein, zwei Kilometer unentwegt ansteigen.

Woraus diese künstlichen Berge bestehen? Sie sind aus nutzlosem Abraum gebildet, denn das taube Gestein geriet als Beigabe der Untertage-Föderung von Steinkohle ans Tageslicht. Wohin mit dem Gesteinsmüll? Ein Teil konnte etwa beim Straßenbau genutzt werden, aber über zwei Drittel wurde in Zechennähe einfach aufgeschüttet. Als Spitzkegel oder wie ein Tafelberg – man war kreativ. Inzwischen sind die meisten bepflanzt, etliche sogar mit Gipfelkunst geadelt. Unbezahlbar ist die Aussicht übers grüne Revier.

DEN SONNENUNTERGANG AUS HALDENHÖHE GENIESSEN

Der Ruhrpott ist also grün und hat viele Gipfel. Etwa 50 recht verschiedene Halden verwaltet der Regionalverband Ruhr. Manche werden von einem Aschedeckel getoppt, manche verbergen eine Innenhitze von etlichen hundert Grad – ein Vulkanvergleich wäre dann doch Aufschneiderei.

Diese Route folgt dem Steigerungsprinzip. Die am wenigsten über ihre Umgebung aufragende liebliche **Halde Pluto** macht den Anfang, gefolgt von der dramatischen **Halde Rheinelbe**. Im Verlauf steigert sich die zu erklimmende Höhe, wie sich auch die Haldenfläche sukzessive vergrößert. Zwischendurch, wenn sich die Muskeln vom Hochradeln oder alternativ dem Erklimmen Hunderter Stufen erholt haben, sind das **Bergbau-Weltkulturerbe Zollverein** und der **Nordsternpark** am Rhein-Herne-Kanal als Talprogramm eingestreut. Über dem Nordsternpark thront ein brachialer Herkules aus Aluminium – sinnbildlich für den Kraftakt von Berg- und Stahlbau.

Die beiden letzten Panoramen der **Schurenbachhalde** und später der **Rungenberghalde** könnten bereits in abendliches Licht getaucht sein, idealerweise mit Sonnenuntergang auf der Rungenberghalde. Nur bei passendem Wetter und guter Planung der Abreise. «

RADELN & GENIEẞEN

Die Doppelbogenbrücke übern Kanal verbindet die Gelsenkirchener Stadtteile Horst und Hessler.

» START

Hauptbahnhof Wanne-Eickel

Vor dem Bahnhof geht's westwärts über Wilhelmstraße und Thiesstraße an den Zechenbauten vorbei zum Aussichtsturm Pluto auf einer kleinen Halde.

KM 3

1

Halde Pluto in Herne

Verschwiegenes Hügelbiotop mit Kanzel

Pluto, griechischer Gott der Unterwelt, wird auf "seiner "Bergehalde hübsch ausgelüftet.

Sanfter Auftakt der Haldentour im Herner Stadtteil Wanne. Quasi ein Häldchen. Oben findet sich eine kleine Treppe auf ein Aussichtstürmchen. Das sieht aus wie eine Kanzel und verschafft einen schönen Blick nach Wanne. Eigentlich fällt der Blick aber mehr auf das umliegende Naturschutzgebiet Pluto-Wilhelm, das sich zu einem gut funktionierenden Sekundärbiotop entwickelt. Wichtig für Pflanzen- und Tierarten, die sich auf dem Boden der Bergehalde angesiedelt haben. Ein forschender kleiner Rundgang im Grünen lohnt also. Pluto liegt 38 Meter über dem Niveau seiner Umgebung.

Vom Türmchen führt ein kurzer Weg zur asphaltierten Erzbahntrasse, auf die nach links abgebogen wird. Am kulinarischen Radlertreff Holgers Erzbahnbude der Beschilderung zur Halde Rheinelbe folgen.

KM 10

2 Himmelstreppe auf die Halde Rheinelbe in Gelsenkirchen

Tempelaura mit göttlicher Aussicht

Der Anblick dieses Gipfels mutet wie eine Verklärung von Haldenkunst an. Denn die letzten 250 Meter Radelstrecke über der Baumgrenze gipfeln in einem gefurchten Aschezipfel. Dessen steile Flanken wiederum enden in einem kleinen Plateau, dem noch ein klobiger Turm aus recycelten Betonquadern von Zechenbauten aufsitzt. Erdacht vom Land-Art-Künstler Herman Prigann. Man stellt das Fahrrad am Ziel der Serpentinen ab und erklimmt den Gipfel über die sogenannte Himmelstreppe, als würde man sich demütig einer Tempelstätte nähern. Die Belohnung ist ein Weltklasse-Fotopanorama in Gelsenkirchen-Ückendorf. Rheinelbe liegt 48 Meter über der Umgebung und doppelt so hoch überm Meeresspiegel.

Unten auf der Trasse ist Zollverein ausgeschildert. Am Knotenpunkt 60 links ab, und dann über die Fußgänger-Ampel am modernen Bauwürfel Sanaa-Gebäude der Kunstuniversität Folkwang aufs Zollverein-Gelände und links ab zur zentralen Plaza. Die Kokerei ist fünf Radminuten weiter.

Fördergerüst und Schachthalle Zollverein über 1005 m Schachttiefe.

Ausgestellte Schrämlader-Walze aus dem Kohleabbau unter Tage.

KM 17,5

Restaurant The Mine auf Zeche Zollverein

Kunst, Koks und Kulinarik

Kulinarische Stärkung tut not, um die schiere Wucht der Zeche aller Zechen verdauen zu können. Farblich passt zum dunklen Samtrot monumentaler Ziegelbauten eine Portion frittierter Süßkartoffeln. Die Restaurantterrasse am Rand der Plaza des Weltkulturerbes Zollverein ist ideal, um über knallrote, Legosteinen ähnelnde Liegesofas zur Fassade des Ruhrmuseums zu blicken (www.the-mine.eu). Die lange digital-rote Rolltreppe ins Museum kann man eintrittsfrei befahren. Weitere Winkel des weitläufigen Pilgerorts für monumental-sachliche Industriebauten erkunden sich ideal vom Radsattel aus. Drüben, an der Kokerei, ist der Blick vom Café die ewig lange Allee der Ex-Koksöfen hinunter sakral bis einschüchternd. Der Gang durch ausgestellte Werkstücke des Maschinenparks wirkt fast intim.

Zum Knotenpunkt 60 zurückradeln, wo die Schurenbachhalde Richtung Punkt 61 ausgeschildert ist. Dort befinden sich die Treppen nach links auf der Emscherstraße, der Radweg zur Schurenbachhalde, 1,5 Kilometer lang, beginnt parallel zum Kanal.

192 Koksöfen auf 600 Metern.

KM 24,5

Bramme auf Schurenbachhalde

Ascheplateau mit Stahl-Implantat

Stahlbramme statt Gipfelkreuz auf der Halde.

Über 250 Stufen bringen einen empor zu einer riesigen Ascheplatte 57 Meter über der Umgebung. Oder man radelt die Serpentinenschleifen. Aus dem Zentrum des topfebenen Hochplateaus in Essen-Altenessen ragt nur die 15 Meter hohe dünne Stahlbramme des Stahlbau-Gurus Richard Serra. Und wirkt wie das sachliche, aber fulminante Memento mori der Stahlherstellung im Revier. Es lässt sich hier perspektivisch spannend fotografieren; Besucher mit Rad oder Moped wirken auf der Plateau-Bühne wie Miniaturen. Von oben sieht man ganz viel Gegend, aus der andere Halden ploppen. Die Abfahrt ist rasant.

Zurück am Rastplatz am Knotenpunkt 61 ist der Nordsternpark ausgeschildert. Über die rote Doppelbogenbrücke steuert man geradeaus den Biergarten an.

Förderturm von Schacht 2 der Zeche Nordstern.

KM 28

5

Heiner's Biergarten im Nordsternpark

Wurst und Bier unterm herkulischen Knackarsch

Michael Lüpertz' Herkulesfigur erinnert an herkulische Maloche – heute ist's leichter.

Pünktlich bei Erreichen des zum Landschaftspark mutierten Ex-Zechengeländes in Gelsenkirchen regt sich Bedarf an Stärkung. Der große gemütliche Biergarten am Nordsternplatz (www.nordsternpark.de) blickt auf die zentralen Funktionsbauten aus der Zechenvergangenheit, getoppt von der wuchtig-archaischen Herkulesfigur des Künstlers Markus Lüpertz. Diesen Aluminium-Kerl hat man im Fokus, biegt man vom Rhein-Herne-Kanal über die Brücke mit den beiden knallroten Bögen in den Park. Die Bögen verlaufen übrigens parallel, wenn auch die Optik das gar nicht suggeriert. Eigentlich reicht's für diesen Stopp aus, in Heiner's Biergarten zu lümmeln, eine typische Currywurst nebst Bier zu verzehren und zum Hintern des Herkules hochzublicken, ohne den Aufzug dorthin zu besteigen.

Zurück über die Bogenbrücke und südlich des Kanals ostwärts zum Knotenpunkt 63, dann über die Hugobahntrasse zum Knotenpunkt 64 an der Rungenberghalde. Der Treppenaufgang ist dort in der Siedlung Schüngelberg an der Holthauser Straße beschildert. Die kürzeste Auffahrt gelingt von der Hugotrasse bereits kurz nach der Unterführung der A2 nach links über einen Bach und dann in recht steilem Zickzack bis zu den letzten Treppenstufen.

KM 36,5

6

Lichtzeichen auf Halde Rungenberg

Vulkanisches Finale zum Sunset genießen

Wenn der Gipfel der Gelsenkirchener Halde – 77 Meter überm angrenzenden Niveau – erreicht ist, wird man weder von wüstenhaftem Plateau noch von Kunst beeindruckt. Die etwa 300 Stufen und die Serpentinen-Auffahrt enden unterhalb einer schwarzen Doppel-Pyramide mit Taldurchgang und zwei Blickwinkeln. Vulkanischer mutet's im Ruhrgebiet kaum irgendwo an. Entscheidet man sich abends für den linken Gipfel, hat man den rechten mit dem Sonnenuntergang zusammen im Blick. Zwei Lichtkanonen schießen von der blauen Stunde an bis zur Mitternacht ihre LED-Strahlen schräg aufeinander ab. Das Kunstwerk Nachtzeichen (Hermann EsRichter und Klaus Noculak) schafft so am Treffpunkt der Lichtbahnen eine imaginäre Bergspitze. Der Blick nach Norden zeigt die Arbeitersiedlung Schüngelbach am Haldenfuß.

Die schnellste Abfahrt gelingt südwärts unter der A2 hindurch bis zur Horster Straße, auf der man in die Straßenbahn 301 bis Rathaus Buer mit Anschluss nach Gelsenkirchen Hauptbahnhof steigt. An der Horster Straße liegt der eingleisige Bahnhalt Buer-Süd, von wo die RB 43 zurück nach Wanne-Eickel Hauptbahnhof und weiter nach Dortmund verkehrt (bis kurz nach 20 Uhr).

EXTRA INFOS:

Auf der Zeche Zollverein gibt es neben dem **Ruhrmuseum** (ruhrmuseum.de) bei Stopp 3 noch das ● **Red Dot Designmuseum** (www.red-dot-design-museum.de/essen) im alten Kesselhaus, umgestaltet von Norman Foster. An der Kokerei wird im Hochsommer ein kleines Schwimmbad betrieben, im Winter eine 150 Meter lange Eislaufbahn entlang der Koksöfen.

Im Nordsternpark gibt es zahlreiche botanische, postindustrielle und künstlerische Highlights. Charmant ist das ● **Amphitheater Gelsenkirchen** direkt am Kanal, schön von der Bogenbrücke einsehbar. (www.amphitheater-gelsenkirchen.de)

Direkt östlich unterhalb der Halde Rungenberg befindet sich das gemütliche italienische ● **Restaurant Hugo I Trattoria Villa Italia.** (hugoeins.de)

KM 39 » ZIEL

Bahnhof oder Straßenbahn in Buer-Süd

Haldenlandschaft Rungenberg als Sehnsuchtsort.

Gladbeck
Devesberg
Bredde
Heege
Rohland
Hegefeld
Schüngelberg-Siedlung
Middelich
Schloss Berge
Halde Graf Moltke 60
BUTENDORF
Bäumken
Cöllenkloo
ELLINGHORST
Berger See
Hugo I Trattoria Villa Italia
Wasserschloß Wittringen
Halde Rungenberg Lichtzeichen
6
Ellinghorster Feld
A 2
L 608
Berger Feld
Am Bette
Holthauser Berg
Pelkumer Feld
Halde Graf Moltke 89
BECKHAUSEN
Boye
Köshelde
Mottbruch
Bahnhalt Buer-Süd
ZIEL
Im Plas
Mottbruchhalde 117
Rosenhügler Wäldchen
B 224
BRAUCK
K 11
Sutum
FLOTT ÜBER
HUGOBAHN-TRASSE
Halde 22 76
Kraneburger Feld
Gelsenkirchen Schloss Horst
BOY
An der Boye
Kamaper Wäldchen
Emscher
SCHALKE-NORD
Heiner's Biergarten
5
Siedlung Mathias-Stinnes
Amphitheater am Kanal
HESSLER
KAFFEEWAGEN
AM HALDENFUSS
Halde Eickwinkel 61
A 42
Welheimer Wald
4
Bramme auf Schurenbachhalde
Halde Zollverein 85
Rhein-Herne-Kanal
Schwarzbach
B 224
VOGELHEIM
KATERNBERG
ALTENESSEN
ROTTHAUSEN
Berne
Red Dot Design Museum
L 631
B 224
Restaurant The Mine auf Zeche Zollverein
3
SCHONNEBECK
N
STOPPENBERG
0
1
2 KM
TRASSENRADELN
AT IT'S BEST

AUF EINEN BLICK

- **Start:** Hauptbahnhof Wanne-Eickel
- **Ziel:** Bahnhof Gelsenkirchen Buer-Süd
- **Strecke/reine Radelzeit:** 39 km (Streckentour), 4 Std.
- **Höhenmeter:** ↗181 m, ↘196 m
- **Wegbeschaffenheit:** Zwei Drittel Bahntrassen-Asphalt, dazu kommen Straßen und glatter Kies bei vier Anstiegen.
- **Beste Zeit:** Sommer und Herbst.
- **Kombinierbar mit:** Zwischen Nordsternpark und Schurenbachhalde Anknüpfung an Tour 11, kurz überlappend.
- **Mitnehmen:** Pflanzenbestimmungsbuch, gekühltes Sundowner-Getränk, Fotoapparat.

Die Radelpausen

» Start
Bahnhof Wickede

KM 7
① Fahrradkirche in Fröndenberg
Spirituelle Einkehr

KM 8
② Himmelmannpark in Fröndenberg
Für die Ewigkeit geschmiedet

KM 13,5
③ Rastplatz Halingen
So geht Picknick

RUHR MIT ALTAR UND PLANETEN

Von Wickede über Schwerte bis Herdecke

Der traumhafte Ruhrtalradweg folgt dem Fluss in Gänze. Das Stück ab Wickede startet am östlichen Rand des Ruhrgebiets, meidet aber oft direkte Flussberührung. Es geht durch fruchtbare Ebene und Felderwirtschaft. In Flussnähe krümmt sich der Weg später durch Wald und Aue und begleitet den Hengsteysee.

KM 20

4 Schoofs Brücke in Holzwickede
Der Fluss lockt

KM 29

5 Bank im Schwerter Uferwald
Ruhrtemperament mit Bank

KM 37

6 Biergarten Zur Lennemündung
Appetit auf Aussicht

KM 44 » ZIEL

Bahnhof Herdecke

SOMMERTAG IM FLOW

Links buckeln Reihen von Kartoffelpflanzen, rechts recken sich reifende Ähren aus schier endlosem Roggenacker. Links verheddert sich ein Teppich aus Maispflanzen, rechts sticht ein Gleispaar auf einem Bahndamm schnurstracks in die Ferne. Oft streift es sich ohne kurvige Umschweife durch sprießende Weiten im Südosten des Reviers. Manchmal gleitet man von Baum zu Baum Alleen entlang oder meint gar, diese vor sich herzuschieben.

Zwischen Wickede und Schwerte hat man wenig Berührung mit dem Fluss. In Fröndenberg holt man sich Beistand in einer **Radlerkirche** und bestaunt industrielle Kettenschmiedearbeit. Ideale Rastplätze für unterschiedliche Ausblicke sind **Picknick-Bänke mitten in Felderwirtschaft** oder im **Flusswald bei Schwerte**. Sommertags und im Herbst schlüpft man durch ein Spalier reifender Ackerfrüchte und kleiner Weiler, die wie Inseln im wogenden Feldermeer liegen. Die Jahreszeiten sorgen für veränderliche Eindrücke.

MIT HOHEM GANG DEN SPEED VOLL AUSKOSTEN

Beschwingt einfach nur Meter machen. Muss auch mal sein. Gerade wenn man sich auf den Streckentritt eingerichtet hat, kreuzt man plötzlich mithilfe der bei Angelnden und Badenden beliebten **Schoofs Brücke** die Ruhr und kommt zur Ruhe. Badezeit?

Ab Schwerte fädelt sich der Radweg in Waldsaum ein und folgt nun direkt dem über Untiefen tanzenden Fluss. Zwischen hier und dem Hengsteysee verkrümmt sich der Pfad plötzlich zu einer Buckelpiste durch Wald. Die kurzen Rampen sind steil, die Abfahrten verleiten zur Schussfahrt. Obacht: Entgegenkommende E-Bikes sind bergauf sogar geschwinder unterwegs als normale Fahrräder bergab!

Und plötzlich taucht da ein einfaches, herzlich geführtes **Biergarten-Restaurant** auf einer Geländestufe auf. Die Lenne mündet hier in die Ruhr, die sich zum Hengsteysee weitet. Mit einem derart elegischen Blick über die letzte Flusskurve vor dem Stausee bekommt die Tour noch eine Facette. Bis zum Ziel in Herdecke ist's nicht mehr weit, weshalb dieser Zipfel von Dortmund nebst Stausee-Ufer durchaus mit Muße ausgekostet werden darf.

Unbehelligtes Rollen durch Felder.

Neptunstele trifft Sonne auf dem grünen Planetenweg von Schwerte.

Rudermuße nahe dem Hengsteysee.

RADELN & GENIEßEN

Bahnhof Wickede

Nach links aus dem Bahnhof herausgetreten, nimmt man die Brücke über die Bahngleise und richtet sich dann am Ruhrufer aus.

Früher wurden hier Ketten geschmiedet, heute Kultur.

KM 7

1 Fahrradkirche in Fröndenberg

Spirituelle Einkehr

Unter dem steilen zeltartigen Dach der Kirche sind speziell Radelnde eingeladen, eine meditative Pause einzulegen. In der Graf-Adolf-Straße 64 steht die Tür täglich offen und lädt zur Besinnung. Nach der Umrüstung der kaum noch genutzten katholischen Kirche ist seit 2021 im Inneren ein Licht- und Audiosystem installiert, mit dem man per Touchscreen farbige Lichteffekte, Texte und Lieder zur Andacht auswählen kann. Die Bleiglasfenster des Künstlers Wilhelm Buschulte sind von spannender Modernität. Draußen befinden sich Steckdosen für das Laden von E-Bikes und eine kleine Reparaturstation mit Werkzeug und Luftpumpe.

Der nächste Stopp ist nur einen Katzensprung entfernt.

Fast schon Smilies in der Fahrradkirche St. Josef.

KM 8

2

Himmelmannpark in Fröndenberg

Für die Ewigkeit geschmiedet

Zwei fotogene Hingucker aus Fröndenbergs industrieller Vergangenheit locken gleich zum nächsten Stopp im Himmelmannpark. Das ehemalige Magazingebäude der Papierfabrik Himmelmann ist als Kettenschmiede-Museum hergerichtet. Für einen Eindruck muss man gar nicht eintreten, weil einige enorme Kettenglieder draußen installiert sind und mit der Luftigkeit des Parkambientes kontrastieren. Die frühere Schiffbarkeit der Ruhr förderte die Entwicklung der hiesigen Schmiede-Industrie. Beim kleinen Parkrundgang präsentiert sich ein denkmalgeschützter großer Trichter fotogen – er diente zur Rückgewinnung von Rohstoffen aus den Abwässern der Papierproduktion.

Vom Knotenpunkt 40 weist das Ruhrtalradweg-Zeichen zunächst in Richtung des nahen Knotenpunkts 21. Ein Wechsel auf die Südseite der Ruhr führt zum Knotenpunkt 37 Richtung Halingen und Schwerte. Knotenpunkt 37 ist unweit vom kleinen Rastplatz.

Von Sesshaften für Radnomaden: Rast unter einer Linde.

Rastplatz Halingen

So geht Picknick

An diesem ruhigen Ort zahlt es sich aus, wenn man Picknick-Zutaten aus den Satteltaschen zaubern kann. Die umtriebige Bürgerschaft des über 900 Jahre alten Dorfs Halingen – heute zur Stadt Menden zählend – hat in Sichtweite ihres Kirchturms Tisch und Bänke im Grünen aufgestellt, damit Radelnde hier den weiträumigen Landschaftsblick genießen können. Was rundum liegt, erklärt ein Schild. Schatten spendet eine im Sommer blühende Silberlinde. Wer richtige Einkehr sucht, findet die unwesentlich später in Fahrtrichtung im Restaurant Dahlhauser Landhaus.

Beim Dahlhauser Landhaus wechselt man wieder zum Nordufer und folgt weitab vom Fluss dem Ruhrtalradweg-Zeichen und kleinen roten Pfeilen bis zur Schoofs Brücke in Holzwickede.

KM 20

4

Schoofs Brücke in Holzwickede

Der Fluss lockt

Weil diese Tour zunächst wenig Berührungspunkte mit dem Fluss anbietet, wird die Ruhrbrücke in Holzwickede zum unbedingten Haltepunkt. Etliche unterbrechen hier ihre Radwanderung und blicken von der Brücke einfach nur auf den Fluss, schauen Angelnden oder Paddelnden zu. Das blaue Band der Ruhr verleitet zur Faulheit – einfach ans Ufer hocken und Entenfamilien und Reihern zuschauen. Einige Schritte von der Brücke entfernt scheint der ideale Platz für ein kurzes erfrischendes Eintauchen. Dabei sollte man sich immer der Strömung bewusst sein – die Ruhr fließt, und je nach Wetterlage auch flott.

Über die Schoofs Brücke geht es kurz südlich der Ruhr weiter – auf einem Bauernhof-Gelände müssen Tore bedient werden! Richtung Schwerte passiert man die Knotenpunkte 22 und 25. Wieder am Nordufer folgt man einem ausgewiesenen Planetenweg. Bei Schwerte Richtung Knotenpunkt 38 radeln.

Brückenblick auf Ruhr-Flow.

Die Ruhr fließt, Radelnde dürfen bei Schwerte rasten.

KM 29

5

Bank im Schwerter Uferwald

Ruhrtemperament mit Bank

Wo sich der Ruhrtalradweg am Rand von Schwerte plötzlich eng an die sich lebhaft gebärdende Ruhr kuschelt, verschluckt ihn schattenspendender Wald. Bänke mit Flussblick bieten Gelegenheit und Ort für einen Snack mit Muße sowie kleine Ufer-Erkundungen. Bäume stützen sich auf knorriges Wurzelwerk, am Wasser gibt's Libellen zu entdecken. Das Landschaftsschutzgebiet Ruhrtal-Mitte schützt hier eine Auen-Landschaft. Ein Schild erklärt die Funktion solcher natürlicher Überschwemmungsgebiete. Selbst in regenarmen Zeiten lässt sich das Ausmaß solcher Ausdehnung in den Uferwald erahnen – die Rastbänke stehen bei Flut fast im Wasser.

Vom Knotenpunkt 38 heißt die Ausrichtung Knotenpunkt 63, zunächst Richtung Ergste und Westhofen, später Hohensyburg. Ein-, zweimal ist hier das Radwegsymbol auf den Asphalt aufgebracht.

KM 37

6 Biergarten Zur Lennemündung
Appetit auf Aussicht

Urplötzlich liegt da oberhalb des Radwegs dieser Biergarten – genau dort, wo die Ruhr die Lenne aufnimmt und das alles nur wenig weiter flussab zum Hengsteysee aufgestaut ist. Ein idealer Ort für ein Schnitzel, selbstgemachte Salate, Bratwürste und sonstige Kraftnahrung alter Schule. Die Aussicht vom Geländebalkon auf die zum See hin verschwindende Flusskurve ist prächtig und besonders an sonnigen Spätnachmittagen magisch. Mit dem Auto ist dieser südöstlichste Zipfel von Dortmunds landschaftlich dramatischem Stadtteil Syburg nicht direkt anfahrbar, was dem bodenständigen Imbiss in bester Lage eine abgelegene Aura verleiht.

Zwei Minuten westlich der Einkehr kann man den Hengsteysee südlich via Brücke und Knotenpunkt 63 abfahren oder nördlich bleiben. Über die Schiffswinkelbrücke vereinen sich die Wege schließlich und enden am Bahnhof (Punkt 13).

EXTRA INFOS:

Beim Reinfahren nach Fröndenberg liegt links das Vernässungsgebiet ● **Kiebitzwiese**, das eine kleine Wanderung rechtfertigt – Fernglas raus (biostationunna.de).

Am Beginn des **Hengsteysees** (bei Stopp 6) türmt sich das Ufer in Dortmund-Syburg fast wie eine bewaldete Wand – man kann das Rad abstellen und an der Ruhrbrücke Dortmunder Straße einen Gang auf dem ausgeschilderten Steilpfad zu einer Aussichtsbank im Ruhrsteilhang unternehmen.

KM 44 » ZIEL
Bahnhof Herdecke

Kulinarisch bodenständiger Biergarten, wo sich Ruhr und Lenne treffen.

DORTMUND
Holzwickede
Schwerte
Herdecke
Wetter (Ruhr)
HAGEN
ZU FUSS HOCH ZUR SEE-AUSSICHT
Bank im Schwerter Uferwald
5
6
Biergarten Zur Lennemündung
Bahnhof Herdecke ZIEL
TOLLER BLICK AUFS VIADUKT
Halde Deusenberg 112
Halde Gottfried 155
Steinberg 175
Hohenstein 165
Wartenberg 245
Arenberg 269
Kaltenberg 197
Syberg 244
Ebberg 222
Hammerstein 153
Homberger Höhe 222
Postkopf 180
Kratzkopf 165
Goldberg 266
Romberg 195
Riegerberg 335
Humpfert 292
Steltenberg 257
Raffenberg 237
Schloss Hohenlimburg
Striepenberg 333
Stoppelberg 380
Wasserschloss Haus Rodenberg
Hengsen
Gut Steinhausen
Haus Ruhr
Garenfeld
Reingsen
Harkortsee
Palais
Ruhrfeldgraben
Pleckenbrinksee
NSG Alte Körne
Mastbruchteich
NSG
0 1 2 KM
N

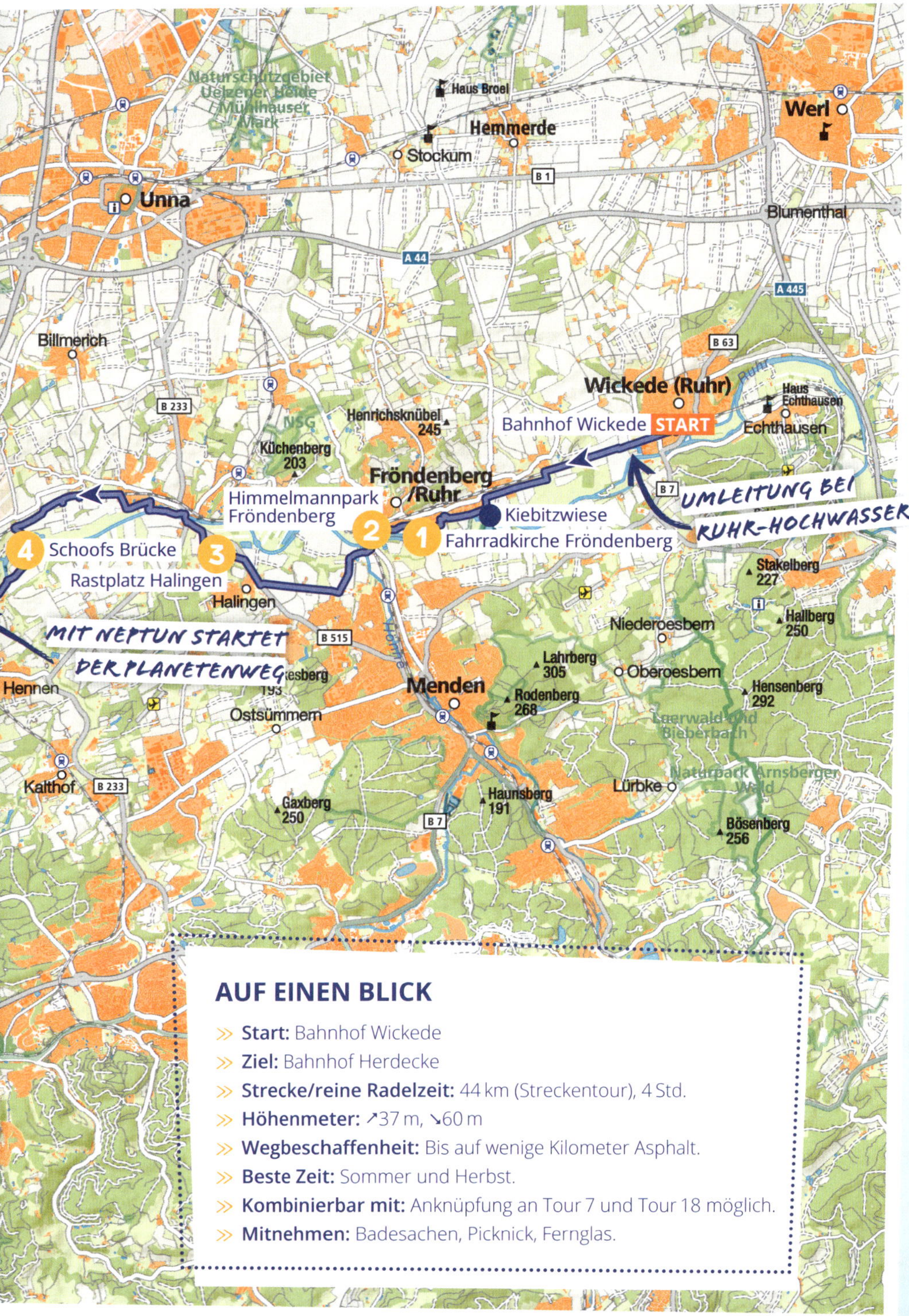

AUF EINEN BLICK

- **Start:** Bahnhof Wickede
- **Ziel:** Bahnhof Herdecke
- **Strecke/reine Radelzeit:** 44 km (Streckentour), 4 Std.
- **Höhenmeter:** ↗37 m, ↘60 m
- **Wegbeschaffenheit:** Bis auf wenige Kilometer Asphalt.
- **Beste Zeit:** Sommer und Herbst.
- **Kombinierbar mit:** Anknüpfung an Tour 7 und Tour 18 möglich.
- **Mitnehmen:** Badesachen, Picknick, Fernglas.

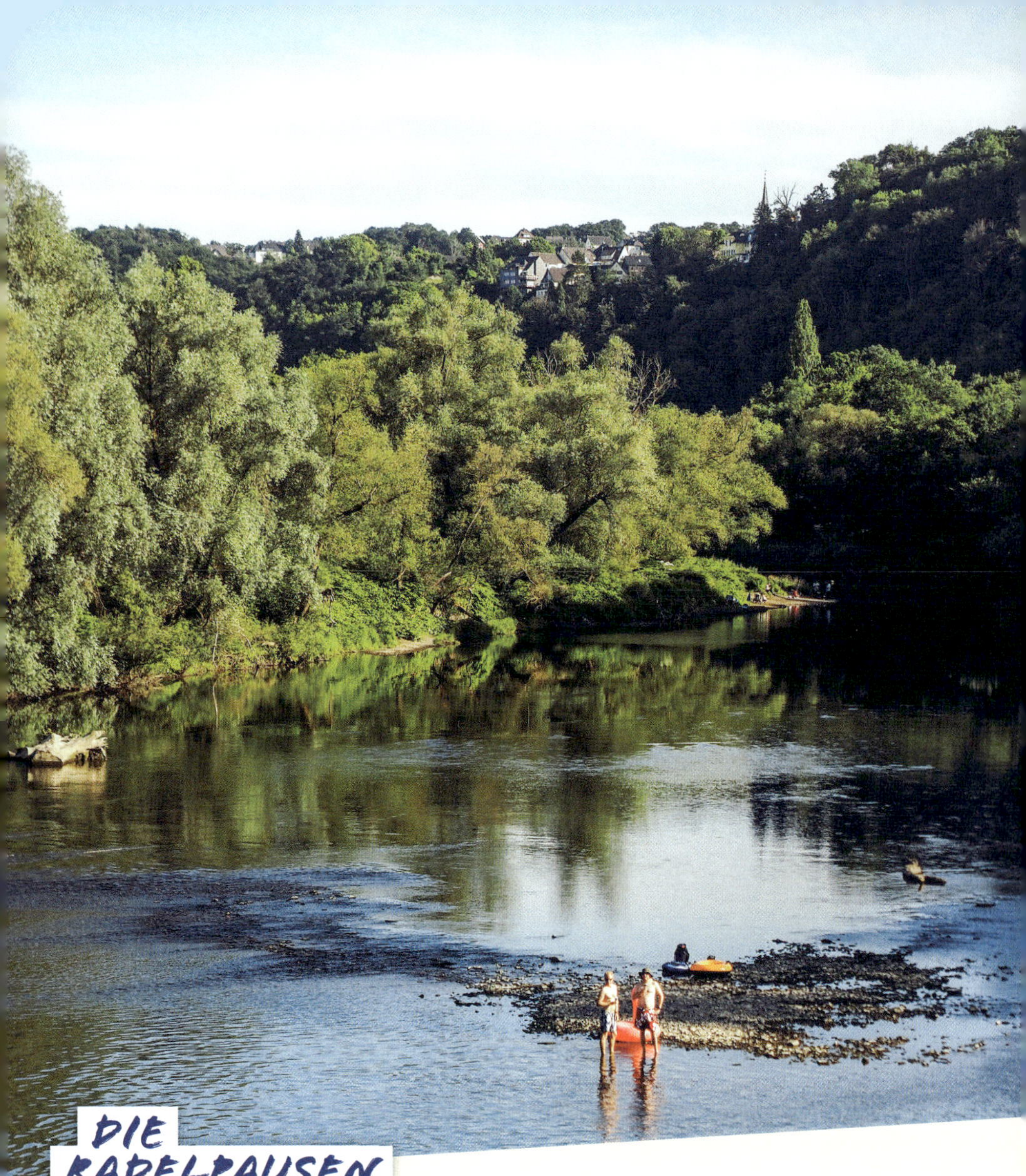

DIE RADELPAUSEN

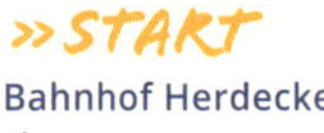

»START
Bahnhof Herdecke

KM 1,5
1 Viadukt Herdecke
Seeungeheuer vom Loch Harkort

KM 5
2 Burg Wetter
Malerisches Hoch überm See

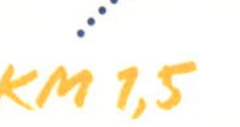

KM 6
3 Biergarten Bootshaus
Blaue Pause mit roter Liebe

7 DIE RUHR MIT GANZ VIEL RUHE

Von Herdecke nach Witten am Fluss

Kurz, kurzweilig, stoppfreundlich. Mit niedlicher Überfahrt! Die Tour macht dem Ruhrtalradweg alle Ehre und bleibt auf Tuchfühlung mit dem großzügig kurvenden Fluss. Man mag nie Tempo aufnehmen, sondern will ständig irgendwo pausieren, ob an Seebreite, in Auenenge oder an Gemäuern aus Ruhrsandstein.

KM 13
4 Ruhrauen-Bank
Blick ins Paradies

KM 17,5
5 Ruhrfähre Hardenstein
Überfahrt zum Verlieben

KM 18
6 Königliches Schleusenwärterhaus
Bitte auftischen!

KM 21,5 » ZIEL
Hauptbahnhof Witten

FLUSSROMANZE MIT PANORAMEN

Für dieses Stück rückt der Radweg ganz nah an das blaue Band der Ruhr heran. Einmal ist der Fluss zum See aufgebläht, dann verliert er sich schlank und intim im feuchten Grün von Wiesen und Auen. Unterwegs vom Harkortsee fast bis zum Kemnader Stausee in Witten wird das Radeln zum herrlich vertrödelten Nachmittags-Spaziergang. Mit so vielen Stellen zum Verweilen, dass eine sportliche Gangart den Genuss schmälern würde. Flaneure kommen eher zum Ziel, welches hier gewiss der Weg ist. Für radelnde Paare, ob nun blind verabredet oder längst vertraut, verspricht diese Route ein romantisches Rendezvous.

Anfangs bietet der Ruhrsandstein in Form eines **Viadukts** einen prächtigen Brückenschlag über den Harkortsee, wie ein auf dem Wasser tanzenden Stein. Der entlang des Flusses seit Jahrhunderten geborgene und genutzte Stein gilt als verwitterungsbeständig, weshalb nicht nur das Viadukt, sondern auch die **Burggemäuer in Wetter** unkaputtbar aussehen. Auch im weiteren Verlauf taucht Sandstein als Baumaterial auf, er adelt auch den Tunnel, der den Radweg in die Ruhrauen umleitet.

DIE SANDSTEINBAUTEN MÜSSTE MAN MALEN – WER'S KANN, PACKT DEN AQUARELLKASTEN EIN

Entlang des Harkortsees bleibt Zeit, sich mit Friedrich Wilhelm Harkort, dem Namensgeber, vertraut zu machen. Er gilt als »Vater des Ruhrgebiets«. Der Unternehmer und Politiker betrieb seine Harkort'sche Maschinenfabrik in Wetter zu Beginn der industriellen Revolution. Sein Porträt schmückt einen Rastplatz, von dem Stufen nach Wetter hoch zum Ausblick führen.

Andere Stopps – bis auf die groß hergerichtete Seeplatte bei Wetter – sind beiläufig und von Lokalkolorit bestimmt, etwa ein bodenständiger **Biergarten am Ufer** oder **Bänke in den Auen**. Die unmittelbare Nähe zum Wasser verursacht ständig Appetit und Durst auf Prickelndes. Dass man kurz nacheinander am Fluss nicht nur Kühe grasen, sondern auch Nutrias nagen sieht – es gibt sogar Bibersichtungen –, bestätigt die Ruhrufer als sich nachhaltig entwickelnde Wildnis. Dazu passt der **elektrische Fährbetrieb** samt **Schleusenwärtergastronomie** für Wandernde mit und ohne Rad in Witten. «

Typische Wegweiser auf dem Ruhrtalradweg.

Tiefenentspannt am Harkortsee.

Lustschippern in Wetter auf dem Harkortsee.

RADELN & GENIEßEN

Friedrich Harkort aus Wetter, Unternehmer und Politiker, gilt als „Vater des Ruhrgebiets“.

EINLADEND!

»START

Bahnhof Herdecke

Direkt am Bahnhof liegt der Knotenpunkt 13. Zum Knotenpunkt 12 am Seeufer rollt man einfach nur bergab durchs Städtchen.

Kopf in den Nacken unterm Herdecker Viadukt.

KM 1,5

1 Viadukt Herdecke

Seeungeheuer vom Loch Harkort

Wie eigentlich jedes Brückenwerk ist das Viadukt – befahren von einer Regional-Eisenbahn – zwischen Herdecke und Hagen-Vorhalle von unten am spektakulärsten. Davor und dahinter liegen die fotogensten Blickpunkte. Mit dem geeigneten Vordergrund zaubert man aus dem technischen ein romantisch-malerisches Bauwerk. Malen müsste man können! Direkt unterm Viadukt lohnt sich auch ein kurzer Halt, um mit dem Weitwinkel einen der 20 Bögen so recht in Szene zu setzen und das Sandsteingefüge zu bewundern. Schließlich wartet nach kurzer Fahrt eine Bank, von der sich dann die ganze Breitseite über dieses Ende des Harkortsees erfassen lässt.

Der Radweg entlang des Nordufers vom Harkortsee in Richtung Witten ist narrensicher ausgeschildert.

Der Bergfried in Wetter ist den kurzen Anstieg vom Harkortsee wert.

KM 5

2 Burg Wetter
Malerisches Hoch überm See

Ob Friedrich Wilhelm Harkort sich mal auf ein Fahrrad mit Drehkurbel am größeren Vorderrad gesetzt hat? Jedenfalls gab's schon solche Velozipeds, als der industrielle Renaissance-Mensch aus Wetter 1880 hochbetagt starb. Am zweiten Treppenaufgang in die Steilwand nach Wetter hat man jedenfalls einen gepflasterten Rastplatz an Radweg und See mit seinem Porträt geehrt. Man lässt also das Rad in seiner Obhut und klettert in den Stadtteil Freiheit, wo sich die Burgruine samt Bergfried über den See reckt und dem pittoresken Burgviertel eine filmreife Aura verpasst. Schon wieder wären Malkünste hilfreich.

Der Radweg folgt dem Ufer, bis der See sich nach der wie eine städtische Terrasse wirkenden Seeplatte mit Restaurant und Bootspier abrupt zum Ruhrlauf Obergraben verjüngt. Hier bittet der Ruderklub Wetter zur Einkehr.

KM 6

3 Biergarten Bootshaus
Blaue Pause mit roter Liebe

Kaum ist der See wieder zum Fluss geschrumpft, stellt einem der Biergarten des Ruderklubs aus Wetter ulkige Stühle in den Weg, damit man nicht einfach an dieser gemütlichen Einkehr vorbeirauscht. Genauer gesagt stehen die Stühle im Biergarten und auf dem schmalen Uferstreifen, auf dem es sich herrlich mit einem Bier in der Hand oder gar Hand in Hand sitzen und aufs Wasser starren lässt. Der Geruch von Grillwurst tut dann sicher bald seine Wirkung, und dann ist der Schritt zum Eisbecher »Rote Liebe« mit Sauerkirschen nicht weit.

Weiter am Obergraben bis zum Knotenpunkt 10 in Wetter, wo über die Verkehrsbrücke die Ruhrseite gewechselt wird. Links der Ruhr geht's Richtung Witten bald durch einen Tunnel in die Ruhrauen Witten-Gedern.

Hier rastet auch der Admiral.

Trocken über die Ruhr …

KM 17,5

5 Ruhrfähre Hardenstein
Überfahrt zum Verlieben

Eine Weile, nachdem man tatsächlich den Radknotenpunkt 1 in Witten-Bommern passiert hat – nicht, dass man vom Ort viel sieht –, wartet nach einer Rechtskurve ein Fähranleger. Hardenstein steht am Kahn mit zwei Mann Besatzung, was auf die romantische Burgruine nebenan verweist. Im 19. Jahrhundert war das sogar mit Sandsteinplatten gedeckte Herrenhaus noch ein dominierender Anblick. Jetzt bietet die Draufsicht von der Fähre oder gar dem anderen Ufer besonders am Spätnachmittag eine sehr malerische Ruinenkulisse. Auch das Foto ergibt mit Wasser dazwischen einen geheimnisvolleren Anblick.

Das Ausflugslokal liegt nur eine Minute vom Fähranleger entfernt nach links.

KM 13

4 Ruhrauen-Bank
Blick ins Paradies

So viel Ruhe ist selbst an der Ruhr nicht so oft. Die Aussichten auf Überschwemmungswiesen, Röhricht, Altarme und Fluss bleibt immer rechts, und der aussichtsreichste Platz zum Beäugen ist an jenem schönen Holzschild, dass einem das Gesehene erklärt und die geschützten Ruhrauen ans Herz legt. Das Tor zu diesem Paradies ist ein handlicher Tunnel – handlich, weil er aus taktil verführerischem Ruhrsandstein gebaut ist. Wenn man meint, von der Bank am Schild aus einen Biber am Gewässerufer wurschteln zu sehen, ist das womöglich eher eine etwas kleinere Nutria. Macht nichts, es ist viel Leben zu sehen, wenn man die Muße hat.

Vorbei am Biergarten und Campingplatz Steeger und dem Knotenpunktschild 1 geht's Richtung Witten-Herbede und Knotenpunkt 85. Die Ruine Hardenstein bei der Fähre ist ausgeschildert.

Am Campingpalatz Steger in Witten gibt's auch Mietboote.

... zum Ausflugslokal.

EXTRA INFOS:

Kurz vor dem Erreichen der Ruhrfähre an der Burg Hardenstein liegt das Besucherbergwerk des Industriemuseums der ● **Zeche Nachtigall** – Ursprungsort des horizontalen Ruhrbergbaus vor über 300 Jahren (zeche-nachtigall.lwl.org).

FACHSIMPEL-EINKEHR

KM 18

6 Königliches Schleusenwärterhaus

Bitte auftischen!

Das historische Fachwerkhaus in Witten zwischen der Ruhrfähre und der Schleuse Herbede ist ein prächtiger geselliger Ort in schönster Lage mit viel Platz für Radelnde und ihre geparkten Zweiräder. Die Wittener Gesellschaft für Arbeit und Beschäftigungsförderung (Wabe) stellt Langzeitarbeitslose für den Betrieb ein und sorgt hier für deftige oder süße Ausflugsmahlzeiten. An Wochenenden wächst die Besucherschar auf Dorfgröße an. Wer sich an einem Sommerabend hier stärkt, wird vielleicht von Livemusik zum Nachtisch überrascht. (wabembh.de) Hier teilen sich die Wege nördlich nach Bochum oder südlich nach Witten.

Um zum Wittener Hauptbahnhof zu kommen, folgt man der Richtungsweisung »Außerhalb der Fährzeiten« nach Norden und folgt der Herbeder Straße ohne abzubiegen bis zum Stadtzentrum.

KM 21,5 » ZIEL

Hauptbahnhof Witten

Ein Toast auf das Ende der Radroute in Witten an der Ruhr.

Witten
ZIEL Hauptbahnhof Witten
Haus Witten
HEVEN
Oelbach Mündungsteich
Bei Beckmann
Kemnader See
RUINENROMANTIK AM OSTUFER
Zeche Nachtigall
HERBEDE
6
5 Ruhrfähre Hardenstein
Restaurant Schleusenwärterhaus
Hohenstein 165
BOMMERN
Dicker Berg 187
Ruhrauen-Bank 4
Rauendahl
TUNNEL AUS SANDSTEIN
Gedern
Stadtforst Vormholz
Elberg 159
NSG
WENGERN
Elbsche
Brasberg 185
Muttenbach
Brunsberg 175
Höstreichberg 243
Sandberg
Im Böllberg
Voßhöfen
Böllberg 236
Esborn
Albringhausen
Lindenbecke
0
1
2 KM
N
B 226
A 43
K 12
L 924

AUF EINEN BLICK

- **Start:** Bahnhof Herdecke
- **Ziel:** Hauptbahnhof Witten
- **Strecke/reine Radelzeit:** 21,5 km (Streckentour), 2 Std.
- **Höhenmeter:** ↗65 m, ↘92 m
- **Wegbeschaffenheit:** Bis auf drei Kilometer Asphalt, der Rest kompakter Kies.
- **Beste Zeit:** Sommer und Herbst.
- **Kombinierbar mit:** Tour 6 endet am Startbahnhof dieser Tour.
- **Mitnehmen:** Farbkasten oder Ölkreiden zum Malen, Kamera.

DIE RADELPAUSEN

»START
Bahnhof Essen-Hügel

KM 8,5
1 Restaurantschiff Thetis
Backbord-Bier

KM 12,5

2 Bank in Saarn-Mendener Ruhraue
Bank-Siesta

KM 19,5

3 Ruhrinsel Mühlheim
Inselpause

8 LETZTE AUSFAHRT RHEIN

Ruhr-Tour durch Essen, Mülheim und Duisburg

Das westlichste Stück des Ruhrtalradwegs entwickelt sich divers. Impressionistische Blicke auf die seebreite Ruhr in Essen oder die kanalschmale Führung in Mülheim geraten zum Finale in Duisburgs Hafenmoloch industriell spektakulär. Die bisweilen verzwickte Wegführung endet an der Mündung in den Rhein.

KM 34
4 Innenhafen Duisburg
Hafenpause

KM 38
5 Rheinorange Duisburg
Glühende Zielflagge aus Stahl

KM 42
6 Restaurant Amazing Thai
Curry-Kult

KM 43 » ZIEL
Hauptbahnhof Duisburg

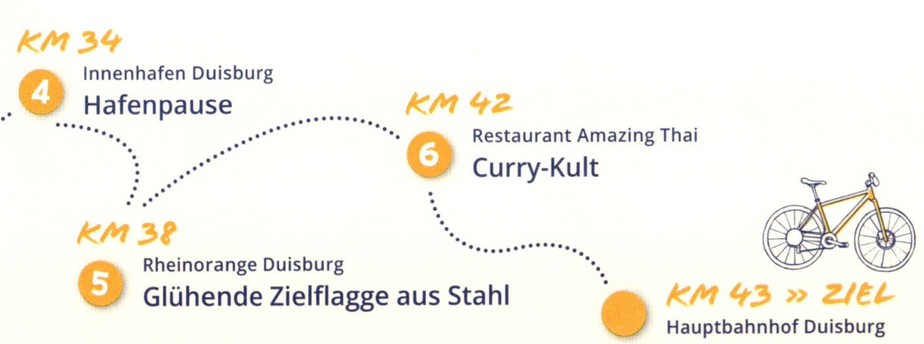

RUHRBLICKE – KECK, URWILD, MIT HAFENKORSETT

Ruhrgebiets-Szene am Kettwiger Stausee. Ein auf seinem SUP-Board liegender Paddler ruft einem passierenden Paar etwas zu. »Habt ihr mal 'ne Fluppe für mich?« Die Angesprochenen halten kurz, einer greift in seine Shorts, kramt darin und wirft dem Frager eine Schachtel Zigaretten rüber. Der bedient sich und wirft zielgenau das Päckchen zurück. Bedankt sich artig und zündet sich den Glimmstängel an. Total normal hier.

Sonnenschein lockt etliche SUPs auf die Ruhr im lauschigen Stadtteil von Essen. Der Kettwiger See ist deutlich kleiner als der Baldeneysee, der sich am Start der Route beim kleinen Bahnhof Essen-Hügel ausbreitet. Während Baldeney Leistungssport-Terrain ist, tummelt man sich in Kettwig frivoler. Ein **Restaurantschiff** serviert das Bier dazu. Danach verjüngt sich die Ruhr wieder zum Fluss, und Radelnde müssen sich für den Ruhrtalradweg am linken Ufer oder den viel näher am Wasser führenden Leinpfad rechts der Ruhr entscheiden.

DAS RUHRFINALE IST SO FACETTENREICH, DASS MAN AN MEHREREN FLÜSSEN ZU RADELN GLAUBT

Auf dem Leinpfad ist der Fluss in Reichweite. Auen locken zum **Bankstopp** und spicken die Strecke weiter bis Duisburg. Zuvor würzen **Ruhrinsel** und Stadtflair die Tour in Mülheim ganz unterschiedlich. Letztlich wird's einsamer und weiträumiger, seltsam betont durch Deutschlands längste Stahlbrücke für Autobahnverkehr, die mit 65 Metern Höhe außer Hörweite thront.

Der Ruhrtalradweg wird vor Duisburg zum Patchwork und bietet krasse Szenarien. Es gibt gar ein schnurgerades Stück, das gefühlt schon Teil der A40 ist, wonach man sich wieder abrupt in urwüchsiger Auenwildnis an einem abgespreizten Ruhrarm verliert. Verlässlich steht ein Wegweiser am Radweg, wenn man sich verirrt glaubt.

Durchs enorme Duisburger Hafengelände – Europas größtes – rollt man über Dämme und Brücken und pendelt zwischen Ufern von industrieller Nüchternheit bis zum schick gestylten **Innenhafen** und schließlich zur Ruhrmündung in den Rhein. Die Zielflagge – das Kunstwerk **Rheinorange** – ist natürlich aus Stahl. Zum Abschied winkt ein Dinner im **Amazing Thai** in Duisburg. «

Das Aquarius Wassermuseum gehört zur Route der Industriekultur.

Südlich von Mülheims City radelt man durch geschützte Ruhr-Auen.

Die sanierte Karl-Lehr-Brücke ist die letzte Brücke vor der Ruhrmündung.

RADELN & GENIEßEN

»START

Bahnhof Essen-Hügel

Vor dem Bahnhof geht's runter zum Baldeneysee, dann nach rechts auf den beschilderten Ruhrtalradweg Richtung Essen-Werden.

KM 8,5

1 Restaurantschiff Thetis

Backbord-Bier

Allein schon weil hier an Deck serviert wird, sollte ein Erfrischungsstopp eingelegt werden. Auf der uferfernen Seite – backbord – sitzt man ruhiger und genießt den besten Blick auf den recht kleinen Kettwiger Stausee. Wenn hier ein Boot an der Thetis anlegt, wird die Crew mit frisch gezapftem Bier bedient. Es gibt also viel zu beobachten. Wer an Land bleiben will und trotzdem den schmalen See genießen möchte, kann sich das zwei Minuten weiter in den beiden mit je einer Skulptur versehenen Kleinparks beiderseits von Ruhrbrücke und Schleuse gönnen – mitgeführte Picknick-Leckereien wären gut. (thetis-radstop.de)

Der Ruhrtalradweg führt links vom Wasser weiter, aber der Leinpfad auf der rechten Seite ist die ruhrnähere und atmosphärischere Variante. Es geht Richtung Mülheim.

Lecker Bierchen vom Restaurantschiff.

Etwas Kunst animiert zum Verweilen am Leinpfad rechts der Ruhr.

Wildes Ambiente auf der Ruhrinsel im Zentrum Mülheims.

KM 12,5

2 Bank in Saarn-Mendener Ruhraue
Bank-Siesta

Kurz nach der Unterführung der himmelhohen Autobahnbrücke der A52 ist die Bank ein willkommener Halt in einer kleinen Einsamkeit am Leinpfad. Der Blick geht links zurück zur Monsterbrücke und übers Wasser hinweg auf eine lange Reihe von Wohnwagen – dort drüben führt der Ruhrtalradweg entlang. Das Landschaftsschutzgebiet Ruhraue wird ein Stückchen weiter in Fahrtrichtung auf einem Schild eingehend erklärt. Auch wenn die Bank nicht so arg bequem wirkt, ist dies ein ruhiges Plätzchen für eine kurze Siesta.

Weiter am Fluss entlang weist bei der Mendener Brücke ein Pfeil nach rechts und über die Brücke auf die andere Flussseite zum Ruhrtalweg. Man sollte ab hier den Leinpfad Fußgängern überlassen – manch einer radelt langsam oder schiebt gute 20 Minuten um diesseits zur Mülheimer Ruhrinsel zu spazieren.

KM 19,5

3 Ruhrinsel Mühlheim
Inselpause

Mülheims quasi-maritime Schokoladenseite! Die langgezogen in einer Flusskurve liegende grüne Ruhrinsel mit einigen spannenden Sichtachsen von den Brücken ist schon allein wegen der Ausflugsboote und ihrer zeitlupenhaften Schleusenmanöver das Verweilen wert. Hier hat die »Weiße Flotte« von Mülheim ihren Heimathafen. Das Café Plati uferseitig neben der Schleuse serviert leckerstes Eis und Kuchen und hat einen schönen Schleusenblick von der Terrasse. Wer die Muße hat, sollte das Rad abstellen und einen halbstündigen Rundweg genießen: den Pfad am Ruhrinselufer nach Süden laufen, über die Brücke und den Leinpfad gegenüber wieder zurück zu Schleuse und Café.

Man quert die Insel zur linken Flussseite, folgt ihr via Stadthalle und Gartenschau-Garten MüGa bis zum Turm des Aquarius-Wassermuseums, dort weiter dem Ruhrtalradweg durch einsames Auengebiet und schließlich beschildert über einen Hafendamm zur Buckelbrücke im geschäftigen Innenhafen Duisburg.

Partyschiff in Mülheims Ruhrschleuse.

Duisburger Lebensart im Innenhafen.

KM 34

4

Innenhafen Duisburg
Hafenpause

Nächster Ruhrhafen, aber völlig anderes Sightseeing. Der Duisburger Innenhafen bietet zwar noch Relikte seiner ehemaligen Funktion als überaus wichtiger Warenhafen, wurde aber in einen Medien-, Kultur- und Ausgehhafen mit Wohn- und Bürohäusern umgebaut. Man betritt ihn über die kleine Buckelbrücke. Die Restaurantmeile böte viele Möglichkeiten, sich jetzt schon sattzuessen. Sattsehen kann man sich an der von Architekten-Stars wie Norman Foster sowie Herzog & de Meuron geplanten kontrastreichen Skyline von Glasbauten sowie in verklinkerten Ex-Silos eingerichteten Museen und Archiven. Eher meditativ ist der Gang durch den »Garten der Erinnerung« des Künstlers Dani Karavan. (innenhafen-portal.de)

Zurück über die Buckelbrücke und bis zum Kreisverkehr bei der A40, danach nach links gen Westen, bis man an der Kaßlerfelder Straße kurz rechts zum Dammweg Am Bört abbiegt bis zum Knotenpunkt 28 am Rheinorange.

KM 38

Rheinorange Duisburg
Glühende Zielflagge aus Stahl

Ein Ort für visuelles Spektakel und innere Ruhe zugleich. Diese 25 Meter hohe, sieben Meter breite und 83 Tonnen wiegende stählerne Bramme ist zwar kein Leuchtturm, wirkt aber ähnlich. Das liegt an der normierten Farbwahl »Rheinorange«. Die vom Bildhauer Lukas Fritsch konzipierte Skulptur markiert leuchtend den Zusammenfluss von Ruhr und Rhein sowie das Ende des 230 Kilometer langen Ruhrtalradwegs. Besonders farbintensiv und fotogen wirkt's, wenn abendliche Sonnenstrahlen das Rheinorange zum Glühen bringen. Der Gedanke an im Feuer geborene Stahlprodukte des Ruhrgebiets liegt nahe.

Zurück über Am Bört und Kaßlerfelderstraße, dann in den Innenhafen, dort durch den Land Art Park »Garten der Erinnerung« von Dani Karavan direkt zum Thairestaurant.

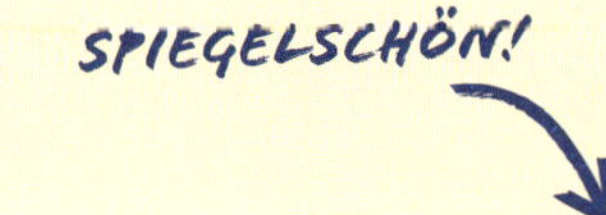

Früher Holzhafen, heute Sitzpyramide und Bootswende.

Wo die Ruhr den Rhein trifft!

EXTRA INFOS:

In Mülheim-Styrum führt der Radweg direkt am ● **Aquarius Wassermuseum** in einem schönen ehemaligen Wasserturm vorbei. (aquarius-wassermuseum.de)

Im Duisburger Innenhafen ist im ehemaligen Speicherkomplex ● **Küppersmühle** eins der wichtigsten deutschen Museen für Nachkriegskunst eingerichtet. (museum-kueppersmuehle.de)

Westlich gegenüber vom Duisburger Hauptbahnhof lohnt das ● **Lehmbruck Museum** mit einer Sammlung internationaler Skulpturen der Moderne sowie Plastik und Malerei des deutschen Expressionismus. (lehmbruckmuseum.de)

KM 42

6 **Restaurant Amazing Thai**

Curry-Kult

Hier feiert man das Ende des Ruhrtalwegs kulinarisch. Mit Thaiküche par excellence. Am Ende einer Tour ist dieses kleine, aber feine Lokal quasi in der zweiten Reihe des Innenhafens die beste Wahl. Ob Fishcakes, Satay-Spieße oder gebratener Tofu in Erdnuss-Soße – die Küche ist authentisch. Und scharf! Zwei Paprikaschoten auf der Karte sollten selbst Scharf-Essern genügen. Das Dschungel-Curry erfordert Mut. Es wird auch gern am Tisch flambiert. Bei mäßig guten Wetteraussichten für den Abend sollte man buchen, sonst ist draußen oft noch genug Platz.

Kurz über den Philosophenweg südwärts in den Pulverweg, Rad bis zum König-Heinrich-Platz schieben, links über Königsstraße zum Hauptbahnhof.

Hauptbahnhof Duisburg

Reis-Elefant beim Thai.

EINSAME AUEN
5 Rheinorange
4 Innenhafen Duisburg
6 Amazing Thai
Museum Küppersmühle
Lehmbruck Museum
ZIEL Hauptbahnhof Duisburg
DUISBURG
Naturschutzgebiet Rheinaue Binsheim
BAERL
BRUCKHAUSEN
BEECK
BEECKERWERTH
Abtei Hamborn
NEUMÜHL
LIRICH
MEIDERICH
Obermeiderich
ALSTADEN
LAAR
RUHRORT
MEERBECK
IN DEN HAESEN
SCHERPENBERG
HOCHSTRASS
HOCHHEIDE
HOMBERG
ASBERG
Uettelsheimer See
Essenberger See
Bergsee
SCHWAFHEIM
ASTERLAGEN
NEUENKAMP
Kaiserberg 78
Haus Hartenfels
Halde Rockelsberg 68
HOCHFELD
TROMPET
DESTRUM
BERGHEIM
HOCHEMMERICH
ATROP
RUMELN
Tegge
RHEINHAUSEN
WANHEIMERORT
KALDENHAUSEN
Mühlenbergsee
Hafen Rheinhausen
Bertasee
Regattabahn
WEDAU
Blauer See
BISSINGHEIM
FRIEMERSHEIM
WANHEIM
EISENBAHNSIEDLUNG
Schlossturm
ANGERHAUSEN
Wambachsee
Wolfsberg 63
Die Roos
Rhein
Ehingen
HÜTTENHEIM
HUCKINGEN
GROSSENBAUM
UNGELSHEIM
Rahmer See
RAHM
Rahmer Benden
0 1 2 KM
N
A 3
A 42
A 59
A 524
L 140
L 237
L 473
L 60
B 288

AUF EINEN BLICK

- **Start:** Bahnhof Essen-Hügel
- **Ziel:** Hauptbahnhof Duisburg
- **Strecke/reine Radelzeit:** 43 km (Streckentour), 4 Std.
- **Höhenmeter:** ↗16 m, ↘52 m
- **Wegbeschaffenheit:** Bis auf drei Kilometer Asphalt, der Rest kompakter Kies.
- **Beste Zeit:** Sommer und Herbst.
- **Kombinierbar mit:** Anknüpfung an Tour 14 am Innenhafen Duisburg möglich.
- **Mitnehmen:** Appetit an vielen Stopps, Buch zum Schmökern.

DIE RADELPAUSEN

» START
U-35-Endhaltestelle
Bochum Hustadt

KM 4,5
1 Grafitti-Brücke
Brückenschlag von und für Kreative

KM 6
2 Bude 128
Sahne-Lounge am Südufer

KM 8,5
3 Haus Kemnade
Lieblingsort Wasserburg

9

EIN HOCH AUF DIE RUHR

Von Bochum über Witten nach Hattingen

Der Kemnader Stausee steht hier im Mittelpunkt. Der Start findet in krassester Beton-Umgebung statt, am Ende der Tour ertastet man alte Ruhrsandstein-Architektur. Dazwischen fließt die kurze Tour durch Ruhr-Natur. Wovon der See auch nur eine Verbreiterung ist. Sportlich ist nur der Anstieg zur Burg in Blankenstein.

KM 10

4 Fluss-Bunen bei der Kemnader Brücke

Einfach nur malerisch

KM 19

5 Burg Blankenstein

Bergdorf mit Paradiesgarten

KM 20,5

6 Comedor Restaurante y Tapas

Con gusto

KM 25 » ZIEL

Bahnhof Hattingen (oder aber Rundtour zurück nach Bochum).

BLOSS NICHT AM EINSTIEG VERZWEIFELN

Der Startbahnhof liegt nämlich im brutalistischen Uni-Viertel Bochums, etliche Radkilometer von der City entfernt. Die Ruhr-Universität war die erste Uni-Neugründung der Bundesrepublik. Quadratisch, praktisch und letztlich auch gut für jetzt fast 60 000 Studierende. Ansonsten nicht die Ecke Bochums, die man besuchen möchte, wenn man nicht gerade Architektur-Historiker ist. Nach dem Start im Campusviertel Hustadt gleitet man aber überraschend flott durch jene Landschaft, in welche der Uni-Beton gerammt wurde. Schon ist man sanft bergab durchs Ölbachtal in Richtung Ruhr unterwegs und erreicht Bochums lieblichste Ecke am Fluss. Der heftige Kontrast wird also nicht lange ausgekostet, ist aber erwähnenswert.

DER GETHMANNSCHE GARTEN WIRD FÜR DIE GARTENAUSSTELLUNG 2027 NOCH SCHÖNER GEMACHT

Die Nachmittagstour verläuft immer in Ruhrnähe und folgt der Fließrichtung. Laut Feng-Shui steht Wasser für Kommunikation und Kreativität, ein ideal ausgerichteter Flow sollte also für Glücksgefühle sorgen. **Spraykunst auf Beton** verwandelt das Radlerstockwerk einer langen Autobahnbrücke in einen schier unendlichen Comic-Strip. Nach dieser visuellen Kommunikation lässt sich die Route vom Wasser leiten. Die Gastfreundschaft eines **kulinarischen Kiosks** sorgt für das Sahnehäubchen am Südufer des Kemnader Sees. Der Ruhr-Stausee ist zwar nicht so spektakulär eingebettet wie etwa der in Essen. Dafür ist die Zehn-Kilometer-Umrundung ein Magnet für Bochumer und Wittener Bewegungs-Nerds – der See verknüpft beide Städte. Radelnde und Skatende werden meist getrennt, manchmal gibt's sogar eine dritte Spur für Fußgänger.

Der Blick über den **Fluss** nach Hattingen verschafft weitere Glücksgefühle, denn der hoch gelegene Zielort **Blankenstein** mit mächtigem Burgturm grüßt bereits malerisch herüber. Musikalisch wird's an der **Wasserburg Haus Kemnade**, die für Bienen und Kröten Heimat ist, und im Museum gibt's alte Musikinstrumenten zu bestaunen. Luftiger Höhepunkt ist schließlich eben jene Burg Blankenstein, ein **spanisches Lokal** und der Panoramablick aus einem verwunschenen Garten. «

nter der Ruhrbrücke Kemnade
ırchflutschen.

Sportpfade am
Kemnader See.

Ruhrhochwasser an
Kosterbrücke zwischen
Bochum und Hattingen.

RADELN & GENIEßEN

»START
U-35-Endhaltestelle Bochum Hustadt

Nach dem Abstieg von der Hochtrasse wird die Straße überquert und vis-à-vis ein Waldstückchen über eine Rampe angesteuert. An schicken Institutsgebäuden vorbei findet sich bald Beschilderung zum Kemnader See. Durchs Grün geht's zum Stausee-Beginn am Freizeitbad Heveney und weiter zur Grafitti-Brücke.

Haste Töne – Sammlung alter Musikinstrumente.

Sinnlicher Fotostopp auf der Graffiti-Brücke am Stausee in Witten.

KM 4,5

Grafitti-Brücke

Brückenschlag von und für Kreative

Kamera parat halten. Denn plötzlich bekommt das Naturschauspiel am See einen schrillen Anstrich. Wo die hier zweiarmige Ruhr in den Kemnader See fließt, führt eine 500 Meter lange Überbrückung zum südöstlichen Wittener Ufer des Stausees. Obendrüber fließt der Verkehr der A43, das Zwischengeschoss nutzen Menschen mit Fahrrädern oder Skateboards. Die sicherlich längste Street-Art-Galerie des Ruhrgebiets reizt natürlich zum kreativen Fotografieren, aber auch die Aussicht Richtung See ist cool. Auf halbem Weg gibt's ein Stück Land und damit eine Unterbrechung der Brücke im Niemandsland – auch die Lücke ist durch massive Autobahnpfeiler ein zur Fotografie reizender Unort.

Den See immer rechter Hand folgt man dem Radweg zum Kiosk.

Toller Ruhrsandsteinbau Haus Kemnade.

KM 8,5

Haus Kemnade
Lieblingsort Wasserburg

So stellt man sich eine Wasserburg vor. Trutzig, aber mit einladendem Zugang über Wassergraben. Krötenkonzert an Sommerabenden. Als Haus Kemnade 1270 erstmals erbaut wurde, lag das heute der Stadt Bochum gehörende, aber in Hattingen liegende Anwesen noch nicht wie heute am südlichen Ruhr-Ufer. Es lohnt sich übrigens, nach dem Rundgang tatsächlich die Schwelle zu übertreten und kostenlos in einen der Räume mit der reichhaltigen Sammlung alter Musikinstrumente zu schauen. Nebenan steht ein ausladendes Fachwerkgebäude und fungiert als Bauernhausmuseum. Die beschattete Bank dort ist der ideale Ort zum Schauen und Dösen. (haus-kemnade.de)

Ein kleines Stück zurückgeradelt, überquert sich die Ruhr schön über die Brücke am Stauwehr. Dann links auf den Leinpfad Richtung Blankenstein. Nach der Straßenbrücke beginnen die Bunen.

KM 6

2

Bude 128
Sahne-Lounge am Südufer

Das könnte eine Stammkneipe sein. Und Lieblingscafé. Obwohl oder gerade weil man hinradeln muss. Die geräumige Terrasse mit dem großen Kiosk verströmt eine Aura von Behaglichkeit, die Claudia hinter und das Publikum vor der Theke entstehen lassen. Einige Tagessuppen gibt's – natürlich auch vegan –, selbstgebackenen Kuchen mit einem sündhaften Schlag Sahne, Tees, Bier und öfter auch Gegrilltes. Dem Tresen kehrt man nur den Rücken zu, wenn man an der Bastel-Giraffe Norbert und Palmwedeln vorbei auf den See hinausmeditieren will. Paddelboote und das kleine Ausflugsschiff des Stausees legen hier an.

Bis zum Südende des Sees radeln und der Beschilderung zum Haus Kemnade folgen.

Kemnader Kalorien an Bude 128.

KM 10

4

Fluss-Bunen bei der Kemnader Brücke

Einfach nur malerisch

Dass man der Ruhr trotz einiger Stauseen und Wehre die Ruhe zur Entfaltung lässt, kann man nach der Unterfahrung der Straßenbrücke besonders gut nachempfinden. Also das Rad abstellen und an die ins Wasser ragenden steinigen Bunen oder das freiliegende Wurzelwerk der Bäume hocken – malen möchte man können! Bei normalem oder niedrigem Wasserstand einfach mal zwei, drei Schritte reinwaten und abkühlen. Hochwasser verschluckt die Bunen, und die Ruhr darf ungehindert ins umliegende Gelände schwappen. Weil dann auch der Radweg absäuft, sollte man sich nach intensivem Regen oder Schneeschmelze im sauerländischen Quellgebiet besser nicht drauf verlassen, hier ohne Umwege weiterzukommen. In jedem Fall zeigt der Fluss vielseitiges Temperament.

Etwas zurück über die Brücke am Stauwehr folgt man am nördlichen Ruhrufer dem Leinpfad in eine Ruhrkurve bis zur erneuten Überquerung an der Hattinger Ruhrbrücke. Bis zur Henrichshütte geht's noch flach einher, danach über Verkehrsstraßen eine langgezogene Steigung hoch.

Malerische Ruhr-Ruhe, aber nur bei Schönwetter-Wasserstand.

Spanischer Klassiker

Burg Blankenstein

Bergdorf mit Paradiesgarten

Welch lohnender Zielort! Der Dorfkern wartet in 70 Metern Höhe über der Ruhr mit Fachwerkhäusern und denkmalgeschütztem Burgrest nebst mächtigem Turm. Hier winkt die erhabenste Sicht auf den Fluss. Die Ruhrsandstein-Skulptur »Blanker Stein« des Hattinger Künstlers Egon Stratmann steht mitten auf dem Marktplatz und thematisiert den Ortsnamen. Nach dem Begehen des Burghofs sollte man die paar Schritte zum Marktplatz zurücklaufen, dort das Fahrrad abstellen und über den kleinen Pfad links neben dem Museum den Gethmannschen Garten betreten. Der Landschaftsgarten eines ehemaligen Industriellen hat vier Höhepunkte mit Aussichten. Belvedere heißt der mit dem atemberaubendsten Ruhr-Panorama – man sollte an ein Getränk zum Zuprosten gedacht haben.

Das Restaurant liegt nur eine Minute Fußweg von der Burg entfernt.

KM 20,5

6 Comedor Restaurante y Tapas

Con gusto

Ein spanisches Lokal inmitten eines deutsche Fachwerk-Dorfs? Con gusto! Und typisch Schmelztiegel Ruhrgebiet. Am schönsten sitzt man auf der kleinen Terrasse in der Gasse nicht weit vom Burgturm. Die Liste der Tapas ist lang, Fisch und Meeresfrüchte frisch und das Filet vom Ibéricoschwein mit Eichel-Likör-Soße ein Gedicht. Die Portionen sind nicht gerade winzig, und die beim Aufstieg zum Dorfzentrum verbrauchten Kalorien werden elegant ersetzt. Auf jeden Fall reservieren. (comed-or-hattingen.de)

Den Anstieg fährt man nun bergab, an der Henrichshütte vorbei zum ausgeschilderten kleinen Bahnhof. Alternative: Über die Wittener Straße sind es auf dieser Ruhrseite nur Minuten bis zum Haus Kemnade, dann kann man die Fahrt zu einer Rundtour machen.

EXTRA INFOS:

Natürlich hat auch diese Tour ihre umgenutzte Industriekulisse. Das Hattinger Ex-Hüttenwerk ● **Henrichshütte** ist ein spektakuläres Museumsareal, nicht zuletzt wegen der Schaugießerei. (henrichshuette.lwl.org)

KM 25 » ZIEL

Bahnhof Hattingen (oder aber Rundtour zurück nach Bochum).

Piazza Blankeinsteins mit Sandsteinskulptur von Egon Stratmann.

AUF EINEN BLICK

- **Start:** U-35-Endhaltestelle Bochum Hustadt
- **Ziel:** Bahnhof Hattingen
- **Strecke/reine Radelzeit:** 25 km (Streckentour), 2 Std.
- **Höhenmeter:** ↗145 m, ↘174 m
- **Wegbeschaffenheit:** Fast komplett Asphalt. Vorsicht bei Ruhrhochwasser.
- **Beste Zeit:** Ganzjährig.
- **Kombinierbar mit:** Dem Ruhrtalradweg folgend kann diese mit Tour 7 verknüpft werden.
- **Mitnehmen:** Badesachen, kurze oder krempelbare Hose, Getränke!

U-35-Endhaltestelle
Bochum Hustadt
START
QUERENBURG
SCHWUPPS INS GRÜNE
1 Graffiti-Brücke
2 Bude 128
LAUTER SCHÖNE
SEEBLICKE
Fluss-Bunen
und Infotafel
4
3 Haus Kemnade
Dreerholz
Westerberg 154
Grimberg 156
Lottental
Kalwes 158
Ölbachtal
Oelbach Mündungsteich
Stämmisch Busch
HEVEN
Haiweg
Das Feld
Auf'm Haiwege
Im Haarholz
Lottenbach
Voßkuhlbach
Auf dem Kleve
Oveneys Busch
Auf der Egge
Bei Erleys Hof
Auf dem Schrick
In Erleys Busch
Auf dem Gething
Herbeder Feld
Haus Herbede
Ruhrweide
Bei Oveneys Busch
Im Dahl
Im Sack
Kemnader See
Im Hörsten
Osterfeld
Im Ruhrtale
Plattenberg
Achterfeld
HERBEDE
Sundern
Ruhr
Braemchen
Mühlengraben
Stadtforst Muttental
Lüdge He
Kattenjagd
Auf dem Sporkel
Am Schulten Delle
Hinterm Garten
Kemnader Feld
Hustedt
Plaßbach
Von Westerholz Waldung
Rauendahl
Stadtforst Vormholz
Muttenbach
Plarsiep
Neue Welt
Von Elberfelds
Pastoratbusch
Mühlenfeld
Hammertal
Deitermanns Knapp
Bommerholz
Kühlings Egge
Siepen
A 43
K 3
K 12
L 924

DIE RADELPAUSEN

» START
Hauptbahnhof Mülheim

KM 1
1 Ruhrpromenade
Eis am Fluss

KM 10
2 Siedlung Margarethenhöhe
Dorf wie in einer Schneekugel

KM 11
3 Halbachhammer
Eine Hammer-Location

10 VON FLOTT ZU GEMÄCH-LICH

Von Mülheim über RS 1 und Grugaweg nach Essen-Steele

Kurztour zum Rauf- und Runterschalten. Dichter Zugverkehr entlang eines Stücks des Ruhr-Radschnellwegs RS 1 pusht den eigenen Speed gehörig. Danach verfällt man aber abrupt ins Trödeln, denn eine Bahntrasse hakt Perlen Essener Grüns ab, ganz im Einklang mit dem Titel »Grüne Hauptstadt Europas« von 2017.

KM 18,5

5 Finca & Bar Celona Essen-Steele
Tapas und Wein an der Trasse

KM 13,5

4 Grugapark
Ein Park mit Rock'n Roll

KM 21,5 » ZIEL

Bahnhof Essen-Steele

AN ANFANG UND ENDE WARTET DIE RUHR

Recht kurzes Radel-Intermezzo mit zwei Tempi. Zunächst ist die Strecke offen, nüchtern, zielorientiert. Dann verschlägt's einen in den Wald. Nach dem Verlassen des Mülheimer Hauptbahnhofs liegt die Rad-Hochbahn sofort im Blick. Zwischen Mülheim und Essen sind einige Kilometer des Radschnellwegs 1 als Ost-West-Achse durchs Ruhrgebiet fertig – die restlichen rund 100 Kilometer sind Bruchstücke in den jeweiligen Kommunen bis ins ferne Hamm.

Das fertige Stück lädt ein zum Flitzen. Breit, glatter Asphalt, surrender Zweiradverkehr. In Mühlheim warten aber auch Bänke für den Müßiggang im Sattel. Aufzüge zur Hochbahn sind leider oft defekt. Zum Prolog sollte man kurz in die Gegenrichtung zur Ruhrquerung radeln. Mülheim glänzt hier nämlich mit einer kleinen **Ruhrpromenade** plus Minihafen.

FAST WIE EIN TRUGBILD: DER BLICK AUFS RONALD MCDONALD HAUS FRIEDENSREICH HUNDERTWASSERS IN ESSEN

Morgens und am Frühabend flitzt berufliche Pendlerschaft über den RS 1. Reizvolle Höhepunkte entlang des ebenen Schnellwegs sind rar, dafür fliegt linker Hand Zugverkehr in dichtem Takt vorbei. Was zum zügigen Tritt in die Pedale verleitet. Im Nu gelangt man zum ausgeschilderten Abzweig des Grugawegs am Radknotenpunkt 1.

Hier wird ein Nebengleis gequert. Danach ist Schluss mit Tempo und Asphalt, denn der Grugaweg durch Essen hat eine glatte Splittoberfläche mit einem Hauch Steigung und Abfahrt. Die Trasse ist breit, aber das Durchfahren von dichtem Wald bremst jede Hast. Man begegnet viel Anwohnerschaft im Schritt- oder Lauftempo. Hunde werden im Cargobike oder Rucksack mitgeführt, manchmal blinzeln Hundeaugen aus dem halb geöffneten Reißverschluss einer Jacke. Man streift architektonische und gartenbauliche Perlen der Stadt Essen – die Ex-Arbeitersiedlung **Margarethenhöhe** ist europaweit bekannt, auch der **Grugapark**. Die Atmosphäre ist hier nicht von flottem Durchzug geprägt, man zockelt durchs lauschige Grün des Nachtigallentals, in dem ein Hexenhäuschen **vorindustrieller Stahlerzeugung** steht. Am Ende wartet wieder die Ruhr mit einem idealen **Ausflugslokal** und Anknüpfung an den Ruhrtalradweg. «

Das Ronald McDonald Hundertwasser Haus am Grugaweg.

Hundeabteil

Vorzeigestück des Radschnellwegs RS 1 in Mülheim.

RADELN & GENIEẞEN

»START
Hauptbahnhof Mülheim

Vorne aus dem Bahnhof treten, die Straße zur Hochbahn überqueren und die Rampe rauf. Dann nur wenige Minuten links zur Ruhr.

Cremig bis maritim.

KM 1

Ruhrpromenade

Eis am Fluss

Von der Hochbahn aus betrachtet sieht die kleine Promenade am Ruhrufer ziemlich einladend aus. Also runter auf Flussniveau – es gibt einen Aufzug und Radschienen neben den Treppenstufen. Man kann die Räder auch oben abstellen. Ein paar Restaurants haben Terrassen, und am Ende gibt's ein Eiscafé. Also eine große Kugel in die Waffel und auf den Minihafen für Sportboote blicken oder am Flussufer mit dem Rücken an einen Baum gelehnt gechillt schlecken. Wer die Tour umgekehrt fährt, findet hier abends entspannte Leute beim Dinner und muss dann nur noch einen Kilometer zum Bahnhof zurückradeln.

Richtung Essen zum Knotenpunkt 1, dort rechts übers Nebengleis den Grugaweg entlang. Margarethenhöhe ist rechts ausgeschildert.

»KONSUM-ANSTALT« VON 1912

KM 10

2 Siedlung Margarethenhöhe
Dorf wie in einer Schneekugel

Was zum Staunen für Ruhrpottfremde. Aus dem Trassenwald über Straßenbahngleise geschlüpft, steckt man in einer Gartenbaustadt aus den 1930er Jahren. Das Traumdorf in der Stadt, komplett am Reißbrett genormt, wirkt laut einer Bewohnerin wie eine Schneekugel. Von Margarethe Krupp für Angestellte von Firma und Stadt erdachtes Großdorf, wo jede Familie Haus und Garten hatte. Das wirkt auch heute noch für die gut 7000 Bewohner. Am besten radelt man bis zum zentralen Platz, stellt das Rad ab und schlendert herum. Der Supermarkt am Platz ist im alten Konsum untergebracht – die stattliche Fassade ohne Werbung! Gegenüber liegt ein Restaurant wie eine Kuranstalt. Und unweit lockt das Eiscafé Tosca im Laubenweg mit Schleckgenuss zum filmreifen Panorama. Wer kreativ fotografiert, blendet die Autos aus.
margarethe-krupp-stiftung.de

Über Laubenstraße und Metzendorferstraße geht's westwärts aus der Besiedlung raus in den Wald zum ausgeschilderten Halbachhammer-Haus.

Vor Werbung geschützte Fassade.

Wasserkraft für den Stahlhammer.

KM 11

3 Halbachhammer
Eine Hammer-Location

Erneut wähnen sich Besucher so gar nicht im Pott. Mitten im gefühlten Urwald am Rand der Margarethenhöhe rauscht ein Bach neben einem gut 500 Jahre alten Fachwerkhaus mit steilem Dachgefälle. Das Setting wirkt verwunschen und will mit Andacht aufgesogen werden. Vögel huschen durchs Geäst des sogenannten Nachtigallentals, und man kann sich das alles hier ohne viel Phantasie als Ort märchenhafter Umtriebe vorstellen. Die Kruppfamilie hat diese Hammerhütte 1935 aus dem Siegerland hierhergeschafft. Dieser Halbachhammer ist europaweit eines der seltenen Denkmäler vorindustrieller Stahlerzeugung. Sehr lange Zeit wurde in der Hütte aus mit Kohlenstoff angereichertem Roheisen durch weiteres Schmelzen und Schmieden mit dem Hammer Stahl erzeugt.

Nach Norden gewandt durch Wald am Kesselbach entlangradeln, einmal an einer Gabelung links halten und wieder auf den Grugaweg zurückkehren – ein Stückchen vor der Zufahrt zur Margarethenhöhe. Der Parkeingang ist nicht weit.

Lust auf Parkpause machen auch die Skulpturen im Grugapark.

KM 13,5

4 Grugapark

Ein Park mit Rock'n Roll

Und plötzlich ist da dieser enorme Park. Aus der ersten Großen Ruhrländischen Gartenbau-Ausstellung 1929 hervorgegangen, zerstört, wieder aufgebaut und nicht zuletzt durch die berühmten Rockpalast-Konzerte in der Grugahalle und drei aufeinander folgende Konzertabende der Rolling Stones europaweit berühmt geworden. Von der Trasse betritt man am Restaurant Orangerie den Grugapark und ist gleich an einer großen Wiese mit einigen Skulpturen. Die Wiese ist ideal für eine Radelrast oder kurzes Schlendern durch einen Park mit viel entspannendem Volk. Die Pause kann sich also ziehen – ideal auf einer nicht so langen Tour. Dieses Idyll von einem Volkspark ist sicher die nächste Überraschung für Pott-Neulinge.

Bei der Orangerie wieder raus aus dem Park und einfach weiter dem Grugaweg ostwärts folgen, bis man zum Restaurant fast direkt an der Ruhr gelangt.

Linde und Blütenteppich im Grugapark.

KM 18,5

5 Finca & Bar Celona Essen-Steele
Tapas und Wein an der Trasse

Zugegeben, eine Kette, aber eine nette. Das Restaurant hat eine große Terrasse über zwei Stufen, und die verschafft der Tour ein ebenso geselliges Einkehrfinale, wie es auch der Start an der Mülheimer Ruhrpromenade schafft. Ein paar palmenartige Gehölze und buntblühende Stauden erschaffen eine grüne Oase, von deren Terrasse aus man dem radelnden Verkehr direkt nebendran zuschauen kann. Von Autoverkehr keine Spur. Am besten dabei Cock- oder Mocktails durch den Strohhalm hochziehen oder feinherbes Essener Pils aus großen Gläsern zischen. Ach ja, die Ruhr ist jetzt nur noch ums Eck.

Dem Radweg Richtung Norden folgend, gelangt man zum Freibad Steele. Kurz danach nach links von der Ruhr abwenden und über Grendplatz und Passstraße zum Bahnhof radeln.

Gefühlt subtropischer Charme des Grugawegs nahe der Ruhr.

KM 21,5 » ZIEL

Bahnhof Essen-Steele

Rad parken, Cocktail genießen.

NEUE MITTE
BORBECK
DELLWIG
Knappenhalde 102
LIRICH
B 223
GERSCHEDE
FRINTROP
OBERHAUSEN
Hexbachtal
Lunapark
BEDINGRADE
Schloss Borbeck
B 231
DÜMPTEN
ALSTADEN
Beeckerhof
A 40
STYRUM
SCHÖNEBECK
MIT ZÜGEN FLITZEN
Horbachtal
Schloss Styrum
WINKHAUSEN
Raffelberg
Ruhr
L 445
EPPINGHOFEN
START
Hauptbahnhof Mülheim
WALD SATT
SPELDORF
Ruhrpromenade Mülheim
1
BROICH
MÜLHEIM AN DER RUHR
HEIMATERDE
Haustadtsfeld
Kassenberg
Oppspring
Holthauser Feld
Auf der Dellen
Kahlenberg
HOLTHAUSEN
Im Loch
Im Stillen Winkel
Auf'm Brohm
Beckersfeld
B 223
B 1
Raadt
SAARN
MENDEN
Fromberg
Kloster Saarn
NSG
Grawenhoff
Roßkothen
A 52
Auberg
Buchholz
Kremershof
Blumer Hof
Berchem
Ickten
Büschken
Schüttenhof
Klein Schellenkamps
Flothmannshof
N
0
1
2 KM

AUF EINEN BLICK

- **Start:** Hauptbahnhof Mülheim
- **Ziel:** Bahnhof Essen-Steele
- **Strecke/reine Radelzeit:** 21,5 km (Streckentour), 2 Std.
- **Höhenmeter:** ↗129 m, ↘103 m
- **Wegbeschaffenheit:** Zur Hälfte Asphalt und fester Boden im Wald.
- **Beste Zeit:** ganzjährig.
- **Kombinierbar mit:** In Mülheim Anschluss an Tour 14, in Essen an Tour 3.
- **Mitnehmen:** Fotoapparat, Picknickdecke, Spielkarten.

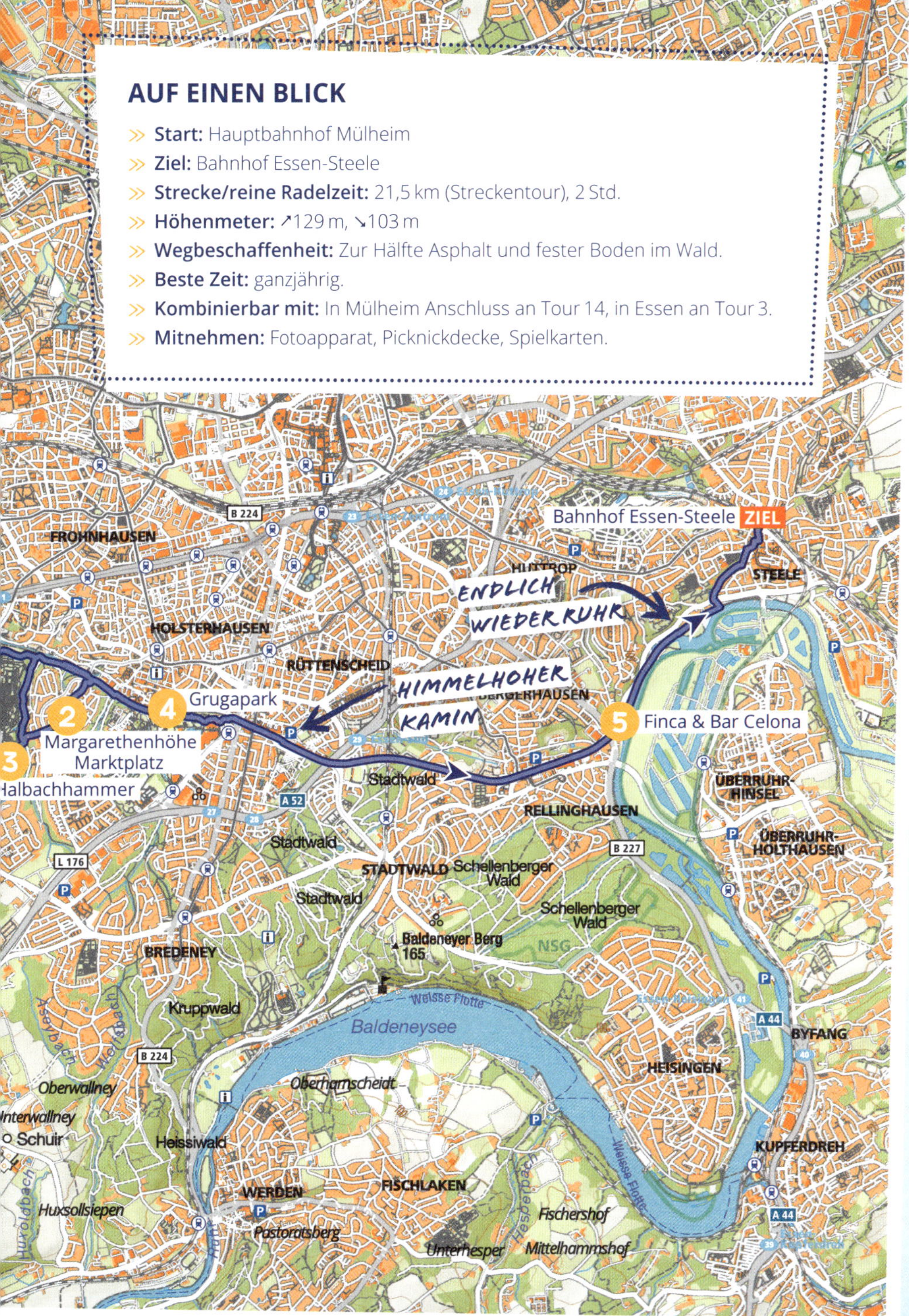

DIE RADELPAUSEN

» START
U-Bahnhof Schloss Strünkede

KM 1,5
1 Faulturm-Kunst in Herne
Willkommen im Pott

KM 6
2 Schleuse Wanne-Eickel
Shipspotting mit Tegtmeier

KM 11
3 Stölting Harbor
Schicker Schock

KM 17,5
4 Graffiti Wall am Nordsternpark
Street-Art am laufenden Meter

INSEL DES SHABBY CHIC

11

Auf der Emscherinsel von Herne nach Oberhausen

Sexy wird der Schleusen-Strip zwischen zwei Wasserläufen durch die Vielfalt an teils klobigen Brücken, lockendem Kanalnass und erklärter Kunst internationalen Rangs. Eine Radstrecke als langsamer Pott-Trott auf Tuchfühlung mit dem Hübsch-Hässlichen.

KM 20,5

5 Schöne Kanalstelle in Essen
Schön, aber anders

KM 25

6 Berne-Park mit Biergarten
Ein Theater für Pflanzen

KM 32,5

7 Brücke Slinky Springs to Fame
Spielerische Brückenkunst

KM 35,5 » ZIEL
Hauptbahnhof Oberhausen

GIBT'S PALMEN AUF DER EMSCHERINSEL?

Nein, Palmen bekommt man nicht zu sehen, und die Insel ist zunächst bloß ein schmalbrüstiger baumloser Grünstreifen zwischen gesäuberter Emscher und Rhein-Herne-Kanal. Badesachen mag man aber mitführen. Denn im Kanal vergnügt sich juchzende Anwohnerschaft. Die DLRG sagt dazu: Das Schwimmen im Kanal ist verboten, jedoch beliebt und wird geduldet. Man ist pragmatisch im Pott.

SUP-Boards nutzen Zeitfenster zwischen Frachtkähnen. Angelnde hocken stoisch im Flow der Radelnden – etwa an jener Stelle in Essen, wo die Ex-Zeche Matthias Stinnes einen **Kanalhafen** hatte. Badende und Petrijünger sind meist Kinder und Enkel einstiger Malocher. Paare promenieren ins Gespräch vertieft, und alle verleihen sie dem verschämten Eiland eine spezielle Würde. Costa Canale ist das Ufer mit Action, Costa Emscher bleibt verwaist. Man kann immer mal wieder kurz vom Kanal aus rüberradeln, etwa im Gelsenkirchener Nordsternpark, der für die Internationale Gartenausstellung 2027 einen Zukunftsgarten bekommt. Eine **Graffiti Wall** hat sie schon. Die Welt wird die Emscherinsel kennenlernen.

IN HERNE SIEHT MAN TATSÄCHLICH EINEN KAPITALEN STEINKOHLEBERG FÜR EIN HEIZKRAFTWERK

Die Insel ist mit etwa 7000 Seelen kein Niemandsland. Sogar eine Bundesstraße nutzt sie kurz. Zwischen Castrop-Rauxel und Oberhausen werden noch sechs Städte berührt. Gefühlt ist immer ein gordischer Brückenknoten im Sichtfeld. Aber auch dies: Seit das Ruhrgebiet 2010 Kulturhauptstadt war, wurde die Insel als Ausstellungsfläche für Werke internationaler Kunst entdeckt. Der Emscher Kunstweg listet fast 80 Werke, darunter das Parkhotel im **Berne-Park**.

Auf unserem Stück zwischen Herne und Oberhausen wechselt man mehrmals auf die inselferne Kanalseite, berührt Häfen, die **Wanner Schleuse**, künstlerisch umgenutzte Ex-Klärwerke wie gleich zu Beginn den zum Arbeiterdenkmal gestalteten **Faulturm in Herne**. Man streift aber auch den **Jachthafen Stölting** mit Beach-Aura, der Welt größten Gasometer und die künstlerische Antwort auf alle Brücken-Ungetüme, die **Slinky Springs to Fame**. Der Inselweg ist manchmal ruppig und nur badetuchbreit. Aber das gehört zum rauen Charme. «

RADELN & GENIEßEN

Emscherblick im Nordsternpark.

»START

U-Bahnhof Schloss Strünkede

Die Bahnhofstraße führt flott zum Kanal. Rüber und kurz nach links.

KM 1,5

1 Faulturm-Kunst in Herne

Willkommen im Pott

Früher Bildungsstopp. Am Kanalufer in Herne gibt's eine künstlerische Einstimmung auf historische Inhalte der Radtour. Also das Rad abstellen, um den Turm schlendern und in einer großflächigen Wandzeitung schmökern. Der Faulturm der geschlossenen Emscher-Kläranlage Hernes steht für die Geschichte der Bergarbeiter-Proteste im Pott seit 1889. Zugleich ist er ein Denkmal für die Abwassertechnik, mit der man die Fluss-Kloake des Ruhrpotts säuberte. Die blau-weiße Farbgebung auf dem gedrungenen Betonturm erinnert an die Fliesen der Waschkauen und die Grubentücher der Malocher. Die Künstlerin Silke Wagner erschuf einen Comic-Strip als Wandbild sowie eine Protestzeitung. Glückauf! (emscherkunstweg.de)

Zurück über den Kanal, dann hart am Südufer westwärts, am Steag-Kraftwerk rüber zum Nordufer, entlang des Kohlenbergs zur Schleuse und auf die Brücke zur Südschleuse.

Die Kumpel rückten zusammen – auch zum Protest!

KM 6

2 Schleuse Wanne-Eickel
Shipspotting mit Tegtmeier

Glück hat man, wenn man unterwegs einen der zahlreichen Frachtkähne auf dem Kanal überholt. Dann wird der Stopp an der nächsten Schleuse spannend. In Herne-Wanne wechselt man sowieso die Kanalseite, und das Beobachten des schleusenden Kahns ist Meditation pur. Nur sehr langsam öffnen sich die Tore der südlichen Schleuse, und der Frachter schleicht im Schritttempo in die nun gut acht Meter tiefer liegende Fahrrinne. Wenn man dem Schleicher hinterherschaut, blickt man rechter Hand auf die Krone einer mächtigen Linde – namentlich gewidmet ist sie dem dereinst republikweit geschätztem schnoddrigen Mundwerk von Pott-Schauspieler Adolf Tegtmeier alias Jürgen von Manger.

Am Südufer am Cranger Kirmesplatz vorbei weiter durch Herne. Gegenüber von Steinmeister's Biergarten Oskar wieder zum Nordufer wechseln und über die Radlerbrücke Grimberger Sichel in Gelsenkirchen wieder auf die Südseite bis zum Jachthafen.

Enge Schleusenausfahrt in Herne.

Pause mit Sand im Getriebe am Jachthafen.

KM 11

3 Stölting Harbor
Schicker Schock

Plötzlich diese aufgeräumte Ordnung. Mit wie viel Weite, Akkuratesse und Moderne sich der im Namen tatsächlich amerikanisierte Jachthafen inmitten von Gelsenkirchen breitmacht, wirkt am Kanal schon wie ein schicker Schock. »Der Pott wird Promenade«, titelte eine Boulevard-Zeitung passend. Also parkt und promeniert man, nachdem eine kleine elegante Brücke überquert wurde. Erfrischung mit Mango verschafft eine Eisdiele, beim Essen gibt's Auswahl. Spritziges mit DJ-Klängen und Sand zwischen den Zehen bietet frühabendlich ein Beachclub – wenn das Wetter passend ist. Für möglichen Bedarf ist eine Reparaturstation für Fahrräder aufgestellt. (stoelting-marina.de)

Am Südufer entlang durch Gelsenkirchen bis zur Bogenbrücke. Zum Nordufer wechseln. Kurz in den Nordsternpark bis zum Blick auf die Emscher. Dann wieder runter zum Kanal zur Graffitiwand.

KM 17,5

4

Graffiti Wall am Nordsternpark

Street-Art am laufenden Meter

Die 400 Meter lange alte Hafenmauer des ehemaligen Kohlehafens der Zeche Nordstern ist ein Hotspot der Sprayer-Szene Gelsenkirchens, die ihre bildlichen Kommentare hier legal versprüht. Mithin eine tolle Kanalpause am Nordsternpark, um sich durch die Bilderwelt zu buchstabieren. Die Wand ist insofern speziell, weil alle zwei Meter Pfeiler die Wand in Flächen unterteilen. Unterhalb stehen Bänke, aber auch am Ende der Wand lockt oberhalb eine Bank, die mehr den Fokus auf den Kanalverkehr lenkt. Von hier aus hat man einen schönen Blick auf die rote Bogenbrücke.

Am Nordufer des Kanals entlang bis kurz vor der Brücke der B224 in Essen-Karnap.

Geschwätzige Street-Art am Kanal.

Echt schöne Stelle am Kanal!

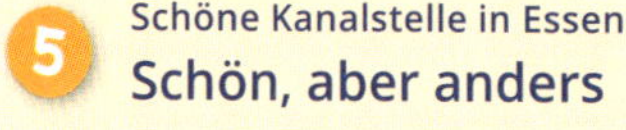

5 Schöne Kanalstelle in Essen
Schön, aber anders

Wenn bei Google Maps diese Stelle lapidar immerhin mit »Schöne Kanalstelle« Erwähnung findet, wird man neugierig. Auf den ersten Blick sieht man nur eine Art rechteckiger Bucht ohne irgendein Gebäude, nämlich den Ex-Hafen der Zeche Mathias Stinnes in Essen-Karnap. Dann entdeckt man Paare, die flanieren und dabei Händchen halten. Und Angler, die mit unendlich viel Geduld ihre Ruten aufgestellt haben und unterm Sonnenschirm ausharren. Am Ufer ziehen Fahrräder, auf dem Wasser ab und zu ein Kahn. Ein paar Bänke sind zum Blick aufs Wasser aufgestellt, das zum Ambiente passende Pülleken Bier muss mitgebracht werden. Was will man mehr. Picknick auspacken und die schöne Kanalstelle genießen. An warmen Wochenenden wird hier ausgiebig gebadet – Leitern erleichtern den Zugang.

Weiter am nördlichen Kanalufer. Kurz vor der Brücke der A42 nach rechts und kurz in Weilheim die Vogelheimer Straße bergabrollen. Direkt danach rechter Hand geht's zu einem krassen Nadelöhr aus Emscherbrücke und Röhren, und von dort über den Emscherweg erneut südwärts über die Emscher und an ihr entlang Richtung Bottrop-Zentrum. Unter der nächsten Brücke der A42 rechts zum Berne-Park.

6 Berne-Park mit Biergarten
Ein Theater für Pflanzen

Noch so ein schön-skurriles Stück Infrastruktur zum Verweilen, diesmal an der Emscher. Für den Emscher Kunstweg schufen der niederländische Künstler Piet Oudolf und das schottische Landschaftsarchitekturbüro Gross.Max einen im ehemaligen Klärbecken abgesenkten Garten, der die Wiederbelebung der Emscher kommentiert. Ein Amphitheater für ganz viele Stauden, in dem es sich herrlich wandeln lässt. Oberhalb davon stehen eine Handvoll großer Betonröhren, die zur Übernachtung eingerichtet sind – sicher ist das Kunstprojekt Das Parkhotel die ungewöhnlichste Übernachtungsstätte im Ruhrgebiet. Der Biergarten wird gemeinnützig geführt. (bernepark.de/biergarten-im-bernepark)

Südwärts zum Nordufer des Kanals und der Beschilderung Richtung Gasometer folgen. Am Gasometer die Kanalseite wechseln und am Südufer bis zum Brückenkunstwerk radeln.

Emscher-Garten statt Emscher-Stink.

Brücke zum Absteigen.

EXTRA INFOS:

Der Besuch der immer überwältigenden Ausstellungen im ● **Gasometer Oberhausen** dauert sicher zwei bis drei Stunden, besonders wenn man zuerst den inneren gläsernen Aufzug bis zur Aussichtsplattform in gut 100 Metern Höhe nimmt. (gasometer.de)

KM 35,5 » ZIEL
Hauptbahnhof Oberhausen

7 Brücke Slinky Springs to Fame

Spielerische Brückenkunst

Absteigen. Zu Fuß über die Kanalbrücke kurz hinter dem Gasometer und zurück. Macht gut 800 Meter Spaziergang durch ein übergroßes Spielzeug. Von all den Brücken über Kanal und Emscher ist dies die verspielteste. Künstler Tobias Rehberger entschied sich für eine leicht schwingende Schraubenfeder (Treppenläufer, englisch: Slinky) als Durchlaufelement für die Brücke beim Kaisergarten in Oberhausen. Die Slinky-Schraube wird als Kunstwerk 67 auf dem Emscher Kunstweg geführt. Schön ist's auch, am Fuß der Brücke auf Liegebänken zu kuscheln und Leute durchs Kunstwerk laufen zu sehen. Und dann im Kaisergarten direkt nebenan zu dinieren. Es gibt zwei sehr unterschiedliche Restaurants zur Auswahl.

Durch den Kaisergarten auf die Duisburger Straße südwärts fahren, bis der Hauptbahnhof ausgeschildert ist.

Brückenkunst und Kunstgasometer.

Naturpark Hohe Mark - Westmünsterland
Kinder und Jugendkloster
Feldhausen
Kirchhellen
Halde Oberscholven 202
Kirchheller Heide, Schwarzbach
Heidesee
Grafenwald
Naturschutzgebiet Kirchheller Heide
Gladbeck
Halde Graf Moltke 60
Halde Schöttelheide 111
NSG Koellnischer Wald
Wasserschloß Wittringen
Halde Haniel 184
Mottbruchhalde 117
EMSCHERBLICK-SCHLENKER
BOTTROP
Siedlung Mathias-Stinnes
Graffiti Wall
4
St. Antony Hütte
Schöne Kanalstelle im Stinnes-Hafen
5
Berne-Park
6
Slinky Springs to Fame
7
Gasometer Oberhausen
Rhein-Herne-Kanal
Haus Horl
TANZENDER HOCHSPANNUNGSMAST
Knappenhalde 102
ZIEL Hauptbahnhof Oberhausen
OBERHAUSEN
Obermeiderich
Schloss Borbeck
ESSEN
Schloss Styrum
Ruhr
N
0
1
2 KM
MÜLHEIM AN DER RUHR

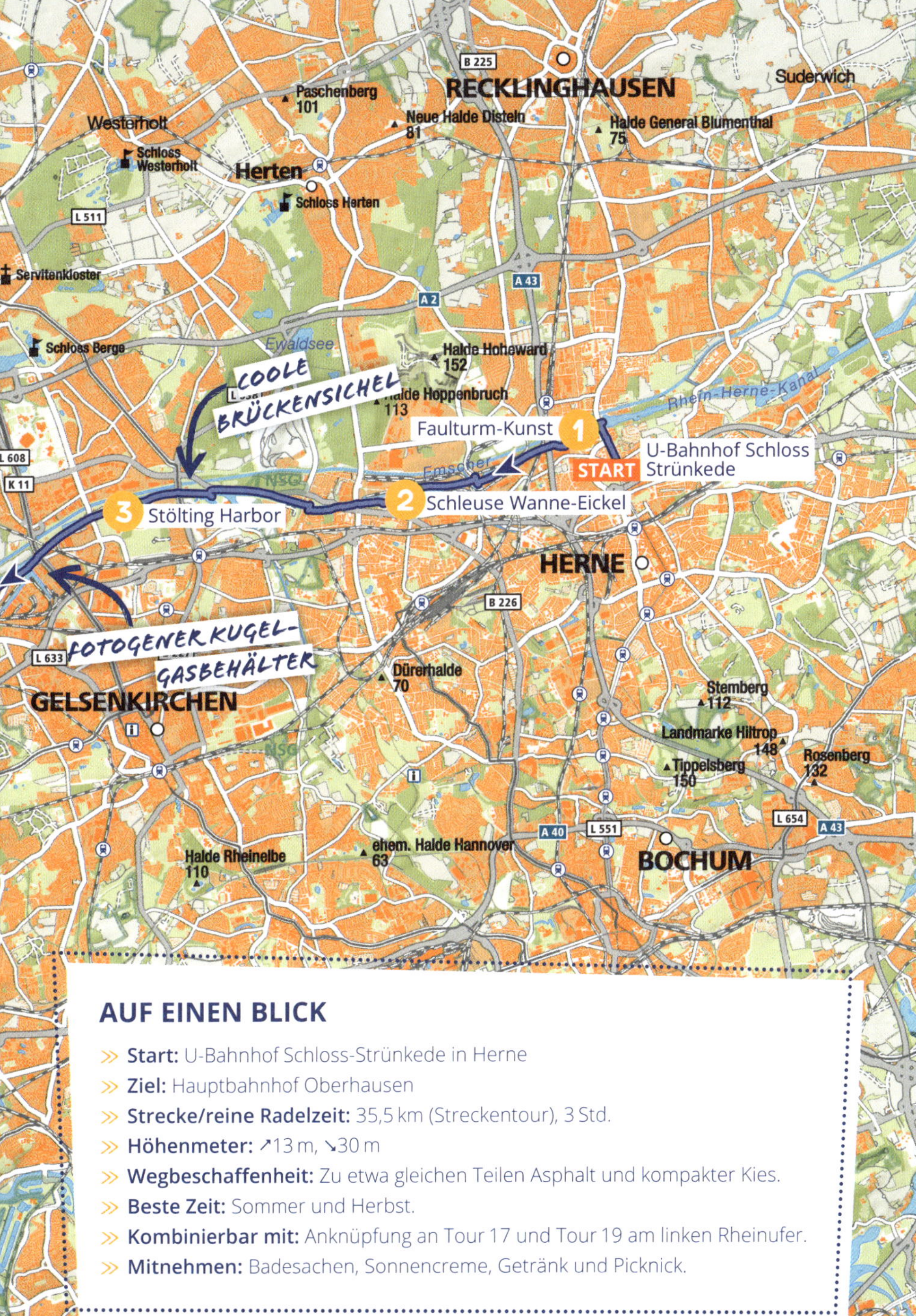

AUF EINEN BLICK

» **Start:** U-Bahnhof Schloss-Strünkede in Herne

» **Ziel:** Hauptbahnhof Oberhausen

» **Strecke/reine Radelzeit:** 35,5 km (Streckentour), 3 Std.

» **Höhenmeter:** ↗13 m, ↘30 m

» **Wegbeschaffenheit:** Zu etwa gleichen Teilen Asphalt und kompakter Kies.

» **Beste Zeit:** Sommer und Herbst.

» **Kombinierbar mit:** Anknüpfung an Tour 17 und Tour 19 am linken Rheinufer.

» **Mitnehmen:** Badesachen, Sonnencreme, Getränk und Picknick.

DIE RADELPAUSEN

» START
Bahnhof Oberhausen Sterkrade

KM 7
1 Landschaftspark Duisburg-Nord
Rast mit Rost und Wurst

KM 13
2 Deichpark Laar
Dolce far niente am Rhein

KM 20,5
3 Rheindeich Duisburg-Homberg
Atempause am Niederrhe

12 STAHL-SOUND AM RHEIN

Rundtrip von Oberhausen durch Duisburg

Die beiden Radtrassen und auch die Rheinbegleitung nebst -kreuzung wirken brav im Kontrast zu den visuellen Blockbustern der Stahlproduktion. Mal gleitet man unbehelligt durch Grün, dann haut einen das Panorama schlicht um. Oder verschluckt einen sogar.

KM 26,5

4 Alsumer Berg
Busen der Natur mit viel Dampf

KM 33,5

5 Spielplatz Lindemannshof
Verspielte Pause

KM 37

6 Faultürme Emscherklärwerk
Faule Eier

KM 43,5 » ZIEL
Bahnhof Oberhausen-Sterkrade

ES WIRD EINEM FAST EIN WENIG BANG, ...

... wenn's am ruhig sich wälzenden Rhein in Duisburg plötzlich metallisch hämmert, hektisch zischt, sirenenhaft heult. Und zwar dann, wenn man an apokalyptisch scheinenden Stahlküchen vorbeiradelt oder sich auf einer bewaldeten Anhöhe zum Panoramablick eingenistet hat. Auch das Visuelle schockt. Denn plötzlich quillt eine Wolke aus schneeweißem Wasserdampf mit viel Tempo aus einem Löschturm. Das passiert, wenn zu Koks gebackene Kohle gelöscht wird. Vom Hitzeprozess bei 1100 Grad sieht man an der Kokerei Schwelgern direkt am **Alsumer Berg** keinen Funken. Die Wolke allein lässt den Temperaturschock ahnen.

EINE MINIATUR-GRASPYRAMIDE AM STAHLWERK MARKIERT DEN WECHSELWILLEN ZU GRÜNER ENERGIE

Die Radschleife von Oberhausen Sterkrade über die wie Alleen angelegten Bahntrassen Grüner Pfad und HOAG-Trasse kontrastiert krass mit dem letzten großen Stahlerzeugungs-Moloch zwischen Emscher und Rhein. Zusätzlich verbinden die **Rheindamm-Wiesen in Laar und Homberg** hüben wie drüben die beiden Radtrassen wie ein landschaftliches Collier.

Die Rundfahrt gegen den Uhrzeigersinn führt einen über den Grünen Pfad zunächst zum Erbe der Stahlindustrie, dem **Landschaftspark Duisburg-Nord**, ein 180 Hektar bedeckendes Ex-Hüttenwerk. Die Rost-Skyline mit schwindelerregender Hochofen-Aussichtsplattform bekommt als postindustrielle Kultur- und Freizeitstätte zweite Luft! Danach erdet die Weiterfahrt abrupt und streut Rheinwiesen mit Schafherden ein. In Ruhrort wird man allerdings zuvor typisch an die sanftmütige Rhein-Etappe verabschiedet: Ein Jugendstil-Museumsbau steht direkt neben einem kantigen Kraftwerk mit himmelhohem Schornstein. In der Folge schlägt man fast übermütig Haken über den Rhein.

Schließlich lugt man aus bewaldeter Alsumer Haldenhöhe zum Stahlwerk nebst Kokerei rüber – gefühlt steckt man mittendrin. Dazu fließt da unten brav der Rhein. Etwas weiter weg ein **Spielplatz**, dann erhebt sich der taillierte Riesenturm des Kohlekraftwerks Walsum. Das ist alles Duisburg. Chapeau, welch eine Stadt! Allein Ex-Tatort-Kommissar Schimanski würde abwinken: »Mit Komplimenten kommste bei mir nicht weit.« «

Die kuriose Förderanlage der Zeche Sterkrade im Stil des Ingenieurs A. F. Zschetzsche liegt an der Trasse.

Glatter Kies auf der HOAG-Trasse.

Blick vom linken Rheinufer nach Querung der Friedrich-Ebert-Brücke.

RADELN & GENIEßEN

» START

Bahnhof Oberhausen-Sterkrade

Runter vom Gleis, nach links zur Bahnbrücke, diese queren und rechts auf die Westrampe, dann links in die Hagedornstraße bis zum Knotenpunkt 14, wo sich Grüner Pfad und HOAG-Trasse treffen. Links geht's Richtung Landschaftspark.

KM 7

Landschaftspark Duisburg-Nord

Rast mit Rost und Wurst

Wenn man vom Radweg Grüner Pfad auf das immer geöffnete Gelände des stillgelegten Hüttenwerks radelt, erschließt sich nicht gleich die enorme Weite des Geländes. Man radelt gleich die paar Meter zum Fuß des Hochofens 5, weil man wenigstens in 70 Metern Höhe die Totale genießen will. So viel Zeit muss sein. Die Treppen umwandern den Ofen und bieten etliche Chancen auf ungewöhnliche Fotos seines Aufbaus und der Umgebung. Die technischen Anlagen sind immer freitags, samstags, sonntags, an Vorabenden von Feiertagen und an Feiertagen selbst mit Einbruch der Dämmerung bis 1 Uhr beleuchtet. Wieder im Erdgeschoss angekommen, bieten sich eine Currywurst an einer mobilen Bude oder der Besuch des Restaurants im und am Hauptschalthaus an. (hauptschalthaus.com)

Vom Knotenpunkt 25 auf dem Grünen Pfad Richtung Ruhrort und Punkt 27 am Binnenschifffahrtsmuseum radeln.

Stahlproduktion aus, Licht an. Jonathan Parks Design illuminiert den Landschaftspark.

KM 13

2 Deichpark Laar
Dolce far niente am Rhein

Spektakuläre Ankunft am Rhein. Die ist nämlich nochmal von Architektur-Kontrast umstellt. Am Ende der Apostelstraße gesellt sich zum Jugendstil-Museumsbau ein klotziges Kraftwerksgebäude mit überwältigender Backsteinfassade. Gegenüber liegen die Rheinwiesen. Gleich locken ein paar wellenförmige Liegebänke mit Blick auf die den Rhein querende Friedrich-Ebert-Brücke. Den ersten Rheinblick gilt es also mit recht viel Muße zu genießen. Vielleicht dabei sogar nebeneinander in der Sonne zu liegen. Oder den einen Kilometer weiter rheinab auf dem Damm bis zu einer Gruppe von Calisthenics-Geräten zu radeln. Jedenfalls hat man immer schön Vater Rhein – »Rhenus Pater« tauften ihn die Römer – fest im Blick.

Vom Museum über die Straße ans Rheinufer. Etwas nordwärts am Fluss Richtung Punkt 26 und 24 wenden fürs Sightseeing. Zurück und die Friedrich-Ebert-Brücke queren. Dort an Punkt 38 nordwärts linksrheinisch Richtung Punkt 23.

Linksrheinische Muße beim Weiden auf dem Rheindamm.

Rechtsrheinische Muße im Deichpark.

KM 20,5

3 Rheindeich Duisburg-Homberg
Atempause am Niederrhein

Ach, diese Ruhe. Am linksrheinischen Flussblick ist man im landschaftlich ruhigen Niederrhein-Gebiet angekommen. Mit genügend Distanz zur Industrie-Skyline am anderen Ufer. Unweit der danach zu querenden Hans-Knipp-Eisenbahnbrücke ist ein Stopp besonders reizvoll. Man steht hier nämlich sehr nah am Fluss, folgt flachen Frachtkähnen mit den Augen, der Atem beruhigt sich, und man genießt ein entspannendes 180-Grad-Panorama. In der Nähe grasen Schafe am Deich. Im Rücken erhascht man Blicke auf die große rote Grubenlicht-Skulptur »Geleucht« auf der Halde Rheinpreussen (Tour 17).

Über die Autobahnbrücke zurück ans andere Ufer und nordwärts bis Punkt 22. Die Halde hoch.

KM 26,5

4 Alsumer Berg

Busen der Natur mit viel Dampf

Wie eine grüne Verheißung erhebt sich sanft gerundet die bewaldete Schutthalde, wieder auf der rechten Rheinseite. Die 500 Meter lange Auffahrtrampe ist für E-Biker ein Klacks. Oben warten gleich mehrere Aussichtspunkte. Einmal folgt der Blick einer Flusskurve rheinab Richtung des Kohlekraftwerks im Hafen Duisburg-Walsum. An anderer Stelle des Plateaus steht sogar ein Gipfelkreuz, und der Blick gibt hier einen kompakten Ausschnitt der Kokerei Schwelgern frei. Der Rastplatz dort oben ist mit Bänken ausgestattet. Fast ein geschütztes Plätzchen für ein Nickerchen. Ab und zu dringen Kokerei-Geräusche durch das Dickicht, und der hölzerne Löschturm entlässt Wolken. Ein Selfiespot mit viel Dampf.

Über Alsumer Steig links auf Alsumer Straße und wieder links auf Willy-Brandt-Ring. An der Aral-Tankstelle schräg links abbiegen und geradeaus bis zum Punkt 21 am Einstieg zur HOAG-Trasse. Ab jetzt Richtung Oberhausen-Sterkrade.

Trassenrast mit Einstieg zur Rutschpartie.

Blick vom Alsumer Berg.

KM 33,5

5 Spielplatz Lindemannshof

Verspielte Pause

Auf der als schöne flotte Allee mit festem Kies angelegten HOAG-Trasse taucht plötzlich ein Pyramidengerüst auf, das sich als ungewöhnlicher Zugang zum Spielplatz direkt darunter entpuppt. Einmal kurz ins Gerüst geklettert – wenn's nicht gesperrt ist – kann man sich in die 22 Meter lange Röhrenrutsche hocken und abwärts bis zum Sandkasten flutschen. Das ist nicht nur für Kinder ein kleiner Thrill. Die Räder lässt man an der Bank stehen. Eine Rast mit einem gewissen Kick!

Weiter auf der HOAG-Trasse Richtung Sterkrade.

KM 37

Faultürme Emscherklärwerk

Faule Eier

Crossroads. Die HOAG-Trasse trifft hier auf den Radweg entlang der Emscher. Kurz vor diesem Abzweig lugen plötzlich die eiförmigen Faultürme des neuen Emscher-Klärwerks durchs Grün. Was besonders reizvoll ist, wenn spätes Sonnenlicht einen güldenen Hauch auf sie zaubert. Eine ebenso reizvolle Perspektive bietet diese mit Bänken garnierte Emscherkreuzung nur ein paar Radumdrehungen weiter. Hier bezaubert der Blick zurück auf die spätnachmittags gegen eine niedrig stehende Sonne sich erhebenden Faultüme. Das wunderbare Gegenlicht-Panorama rechtfertigt eine kleine Erfrischungspause. Auch um den Plan reifen zu lassen, beim nächsten Mal den Emscher-Radweg zurück nach Oberhausen zu nehmen.

Auf der Trasse bis nach Sterkrade, wo an Punkt 14 der Bahnhof ausgeschildert ist.

EXTRA INFOS:

Im Landschaftspark Duisburg-Nord könnte man einen halben Tag oder die blaue Stunde verbringen, wenn Hochöfen, Winderhitzer und Schornsteine farbig beleuchtet sind. Reizvoll sind besonders ● **Kletterwand und -steig Via Ferrata Monte Thysso** im ehemaligen Möllerbunker. Abtauchen kann man im ● **Tauch-Gasometer**, mit 21 Millionen Liter Wasser das größte Indoor Tauch- und Ausbildungszentrum Europas. (landschaftspark.de)

Das ● **Museum der Deutschen Binnenschifffahrt** nahe dem Deichpark Laar in Duisburg-Ruhrort ist in einer Ex-Schwimmhalle untergebracht. (binnenschifffahrts museum.de)

KM 43,5 » ZIEL

Bahnhof Oberhausen-Sterkrade

Faultürme als Sunset-Fotomotiv.

AUF EINEN BLICK

- **Start/Ziel:** Bahnhof Oberhausen-Sterkrade (Rundtour)
- **Strecke/reine Radelzeit:** 43,5 km (Rundtour), 4 Std.
- **Höhenmeter:** ↗73 m, ↘73 m
- **Wegbeschaffenheit:** Meist Kieswege, partiell nach Regen leicht furchig, wenig Asphalt.
- **Beste Zeit:** Sommer und Herbst.
- **Kombinierbar mit:** Anknüpfung an Tour 17 und Tour 19 am linken Rheinufer.
- **Mitnehmen:** Fotoapparat, Sonnencreme, Wasserflasche.

TRASSEN-IDYLL 2
Faultürme Emscherklärwerk
Bahnhof Oberhausen-Sterkrade
START & ZIEL
TRASSEN-IDYLL 1
Klettergarten im Landschaftspark
Tauch-Gasometer im Landschaftspark
Landschaftspark Duisburg-Nord
SCHMACHTENDORF
Dunkelschlag
ALSFELD
Kastell Holten
HOLTEN
RÖTTGERSBACH
STERKRADE
OBERMARXLOH
Grafenbusch
BUSCHHAUSEN
HAMBORN
NEUMÜHL
Schloss Oberhausen
NEUE MITTE
LIRICH
OBERHAUSEN
MEIDERICH
Obermeiderich
ALSTADEN
Styrumer Ruhraue
Rhein-Herne-Kanal
Kleine Emscher
Emscher
Nassenkampgraben

DIE RADELPAUSEN

» START
Bahnhof Holzwickede

KM 2
1 Emscherquellhof
Die Emscher-Waffel

KM 8
2 Biergarten Haus Rodenberg
Dortmunder Biere 2.0

KM 10
3 Emscher-Kunst Public Hybrid
Emscher-Philosophie zum Anfassen

13 EIN BLAUES WUNDER

Durchs grüne Dortmund nach Witten

Dortmunds Schwerindustrie ist abgewrackt und kann kein Wässerchen mehr trüben – namentlich nicht mehr das der Emscher. Man folgt dem Flüsslein, schwelgt im Grünen und erlebt ein blaues Wunder in Gestalt des Phoenixsees. Prosten mit Dortmunder Bier. Weiter geht's durch Witten auf der Trasse Rheinischer Esel.

KM 11,5

4 Kaiserberg am Phoenixsee in Hörde

Hoch über Dortmunds Mittelmeer

KM 28,5

5 Aussichtsbank Am Ballroth

Grüner wird's nimmer

KM 34,5

6 Radbrücke Pferdebachstraße

Bike-Flyover

KM 36,5 » ZIEL

Hauptbahnhof Witten

DAS BISSCHEN EMSCHER, …

… das in Holzwickede entspringt, macht erst mal nicht viel her. Aber weil die 30 Jahre dauernde Revitalisierung und Abwasser-Verrohrung der 109 Flusskilometer 2022 ihr vorläufiges Finale fand und viele Kunstwerke entlang des Uferradwegs gesetzt wurden, muss man doch mal in die Nähe der Quelle dieses weltweit einzigartigen Gesamtkunstwerks kommen. Die liegt nahe dem wunderbaren **Emscherquellhof** in Holzwickede.

Die Dortmunder Emscher-Etappe hat alles, wonach es Radlerseelen dürstet. Waldwege, eine Bahntrasse, **Kunst am Weg** und ein blaues Wunder. Der kleine Kaiserberg erhebt einen über den stylischen **Phoenixsee**, wo mal ein Hochofenwerk war, zudem eine Brauerei, die noch vor Jahrzehnten auch zur Verschmutzung der Emscher beitrug, jetzt aber hip ist. Kuschliger als die Brauerei selbst ist der **Ausschank an einem Wasserschloss in Aplerbeck**. Der riesige Westfalenpark wird links liegen gelassen, ebenso das Stadion des BVB mit Europas kultigster Zuschauerkurve.

DIE AUSSICHT AM BALLROTH AUF DIE NAHE AUTOBAHN GEHÖRT ZUM POTT-KOLORIT

Unterwegs am Emscherweg ist Dortmund eine grüne Offenbarung. Auch wenn man den Fluss nicht so häufig sieht, reicht es zu wissen, dass man in seiner Nähe wieder frische Luft atmet. Allerdings warnen immer noch drastische Verkehrsschilder vor dem Ertrinken. Wenn man sich im Stadtteil Barop von der Emscher verabschiedet und südwärts Richtung der Ardey-Hügelkette radelt, schließt sich nach einer Weile eine der schönsten Bahntrassen des Ruhrgebiets an.

Die Trasse Rheinischer Esel hat nur noch hier und da Bahngleise als Reminiszenz herumliegen. Sie beginnt mit der tollen **Ballroth-Aussicht**, schwingt sich dann quer durch Witten. Sie ist ein grüner Highway für Pendelnde und Cargo-Bike-Familienbanden. Aus den Lastenräder-Boxen hört man Kindermund sagen, dass man auf Eselsspuren unterwegs sei. Mit dieser erzählerischen Eselsbrücke kriegen Eltern die Kids aufs Rad. Eine echte **Eselsbrücke** präsentiert Witten, wo man die Radelnden über den Autoverkehr gehoben hat. «

Emscherblick nahe dem Westfalenpark.

»Totem mit Elster« (Lucy & Jorge Ortega) unweit des Phoenixsees – die Bürgerschaft lieferte Ideen.

Früher war Brauen Maloche – heute ist die Bergmann-Brauerei eher boutique.

RADELN & GENIEßEN

Bier floss in Dortmund sogar als Potenzmittel durch die Kehle.

»START

Bahnhof Holzwickede

An der Zugangsrampe zu den Gleisen ist der Emscher-Weg an Knotenpunkt 45 schon ausgeschildert. Fahren in Richtung Punkt 42. Der Weg führt etwas durch den Ort und einen Park, dort ist der nahe Hof ausgeschildert.

KM 2

1 Emscherquellhof

Die Emscher-Waffel

Waffel mit Eierlikör satt.

Ein früher Stopp, aber für Emscher-Genussradelnde wichtig. Denn unweit von diesem Fachwerkbau, in dem alles rund um Revitalisierung und dadurch entstehende Natur erklärt wird, entspringt das prominente Flüsslein. Spektakulärer sind aber die Belgischen Waffeln, die das Café im Garten serviert. Dabei heißt die mit Puderzucker lapidar »Langweiler«, denn hier geht Waffelkunst durch die Decke. Mit Gemüse, Hähnchen, Obst, vegetarisch pur oder sogar mit Currywurst gibt's jeden Belag, von der beschwipsten Eierlikör-Variante nicht zu schweigen. Beim Verzehr hat man zwei weiße Gerüstkuben im Blick, die als Bienenhotel dienen. Davor grasen Schafe in den Blumenwiesen. Dieses Kunstwerk – »The Insekt Societies« von Henrik Håkansson – markiert den Auftakt des Emscherkunstwegs. (wewole.de/emscherquellhof)

Zunächst etwas zurück zum Punkt 42 am Marktplatz in Holzwickede, diesmal über Josefstraße und durch den Stadtpark. dann Richtung Punkt 46 Richtung Aplerbeck. Roten Pfeilen folgend, trifft man auf der Schäferkampstraße auf den blau beschilderten Emscherweg und weiter zum Wasserschloss. Die Quellhof-Zufahrt Luftschachtweg kurz zurück, dann links auf die Margarethenstraße und rechts in die Schäferkampstraße nach Norden bis zum Einstieg des Emscherwegs beim Weinhaus Siegel.

Emscher-Kunst Public Hybrid

Emscher-Philosophie zum Anfassen

Das Werk liegt direkt am Wegsrand in Dortmund-Schüren, dazu eine Stele, die es erklärt. Künstler David Jablonowski hat Ruhrsandstein und recycelten Kunststoff aus dem 3D-Drucker zu neuen Formationen verschmolzen. Die flachen Blöcke sind so auf der Weise verstreut, dass sie zum Herumspazieren einladen und natürlich auch zum kreativen Fotografieren. Draufsetzen und Anfassen erlaubt. Jablonowski will so über den Emscher-Umbau, der durch technologische und ökologische Eingriffe gleichfalls hybride Landschaft formt, reflektieren.

Ab jetzt ist der Phoenixsee am Emscherweg-Knotenpunkt 46 ausgeschildert.

Biergarten Haus Rodenberg

Dortmunder Biere 2.0

Ein kleines Bierchen – es gibt nur 0,3-Liter-Gläser – muss drin sein. Damit man das auf der Bucket List abhaken kann: einmal in der einst Europas größter Brauereistadt ein Bierchen gezischt zu haben. Die Umgebung im Barockgärtchen am Wasserschloss Rodenberg in Aplerbeck ist so loungig, dass man mit dem Zuprosten sicher nicht auf die sehr hippe Schankszene später an der Brauerei warten mag. Man sitzt im Deckchair, unter Bäumen oder auf der Mauer am kleinen See. Bergmann's Historie auf einem Bierdeckel: gegründet 1796, vom Zeitgeist vor zwei Generationen ausgetrocknet, als Nische 2005 wiederbelebt. Die Webseite trägt im Namen übrigens eine Ode an das Malochertum, egal ob man auf Kohle, im Stahlwerk oder an Braukesseln schuftete: harte-arbeit-ehrlicher-lohn.de

Gegenüber der Schloss-Zufahrt findet man direkt den Emscherweg wieder und stößt bald rechter Hand auf das nächste Emscherweg-Kunstwerk. Man folgt jetzt dem blau beschilderten Radweg.

Sandstein und Kunststoff ausm Drucker ist gleich Emscherkunst.

Der Kaiserberg ist der In-Spot am Phoenixsee.

KM 11,5

Kaiserberg am Phoenixsee in Hörde

Hoch über Dortmunds Mittelmeer

Hier will man gar nicht mehr weg. Bei genug Zeit sollten Eis oder Kaffee an der Restaurantmeile drin sein. Den prächtigsten Blick auf den Phoenixsee hat man von der Anhöhe Kaiserberg, zum Sunset ein sehr beliebtes Ziel. Dortmunds Vorzeige-Areal für extremen Strukturwandel war mal das Stahlwerk Phoenix-Ost im Stadtteil Hörde mit dem fast 100 Meter hohen Schornstein »Hörder Fackel«. Alles weg. Eine gut drei Kilometer lange Radrunde um den See vermittelt fast einen Hauch mediterranes Freizeitgefühl. Es wird in Eigenheimen gewohnt, flaniert und Tretboot gefahren, drumherum geskatet, geradelt und spaziert. Eine halbe Stunde Tretbootfahren wäre auch noch ein entspannter Tourstopp. Die Emscher verläuft übrigens nördlich des Sees. (ruhrgebiet-industriekultur.de/phoenixsee)

Dem Emscherweg zum Punkt 47 und 48 folgen. Noch vor letzterem Punkt wird die Emscher am Krückenweg verlassen und roten Pfeilen bis Punkt 48 an der Straße An der Palmweide gefolgt. Beschilderter Einstieg in den Rüpingsbach-Radweg Richtung Witten. Roten Pfeilen südwärts folgen, bis in Großholthausen über die Straße Am Hülsenberg die Trasse Rheinischer Esel an der Zufahrt Am Ballroth 27–75 erreicht wird.

KM 28,5

Aussichtsbank Am Ballroth

Grüner wird's nimmer

Hier steigt man unweit vom östlichen Ende des Rheinischen Esels auf die Bahntrassenfahrt ein. Eine Bank am Radweg erlaubt einen malerischen Ausblick in die dörfliche Gegend von Dortmund-Großholthausen am niedrigen Hügelzug des Ardeygebirges. Also einfach schauen und genießen. Nur gut 200 Einwohner hat dieser Ortsteil, und man glaubt sich mal wieder nicht im Ruhrgebiet. Der Blick von der Bank schweift weit über Pferderücken ins rollende Grün, während man auf einer Tafel über die Geologie schmökert. Eine Picknickpause ist eine gute Zäsur im Tourverlauf, denn ab jetzt rollt man westwärts durch Witten fast wie auf Schienen.

Einfach der Trasse bis zum Knotenpunkt 4 in Witten-Mitte folgen. Ab hier Richtung Bochum und Punkt 18 bis zur Radlerbrücke fahren.

Dortmund kann auch Idylle – besonders von der Trasse.

KM 34,5

Radbrücke Pferdebachstraße

Bike-Flyover

Die propere Schrägseilbrücke mit Rad- und Fußweg an der Pferdebachstraße in Witten trägt nach zehn Jahren Planung seit Mitte 2023 endlich den Radverkehr über eine völlig neu gestaltete Straßensituation hinweg. Wo zuvor der Rheinische Esel eine Lücke hatte, macht der Flyover endlich Ernst mit radfreundlicher Umgestaltung eines Wittener Stadttors. Man halte also auf der eleganten Brücke und staune, wie sich der Autoverkehr samt neuem Kreisverkehr dem Radverkehr quasi unterordnet. Technologisch ist das der Höhepunkt der Bahntrasse Rheinischer Esel – für in Zukunft bis zu 20 000 Radler:innen täglich.

Den Esel an der Brücke zum Kreisverkehr hin verlassen und über Pferdebach-, Johannis- und Bahnhofstraße südwärts den Bahnhof ansteuern.

EXTRA INFOS:

Um den den ● **Rheinischen Esel** zu Ende zu radeln, folgt man ihm weiter nordwärts bis Bochum Langendreer (39,5 Kilometer). Von hier ist es nicht weit bis zum ausgeschilderten ● **Bahnhof Langendreer** (41 Kilometer).

KM 36,5 » ZIEL

Hauptbahnhof Witten

Unbehelligtes Brückenradeln in Witten.

OBERCASTROP
SCHWERIN
B 235
FROHLINDE
MERKLINDE
BÖVINGHAUSEN
KIRCHLINDE
JUNGFERNTAL
RAHM
HUCKARDE
WISCHLINGEN
L 609
A 45
Mastbruchteich
Kanalhafen
Schmiedingshafen
Südhafen
B 54
K 16
WESTRICH
Haus Dellwig
Hallerey-Teich
DORSTFELD
DORTMUND
MITTE
MARTEN
HOLTE-
KRETA
LÜTGENDORTMUND
INNENSTADT
WEST
EMSCHERBLICKE
A 40
B 1
OESPEL
B 235
WERNE
SOMBORN
KLEY
BAROP
EICHLINGHOFEN
NSG
BRÜNNINGHAUSEN
Ende Rheinischer Esel Bochum-Langendreer
Bahnhof Bochum Langendreer
HOMBRUCH
RENNINGHAUSEN
MENGLINGHAUSEN
Halde Gotthelf
155
LANGENDREER
Heimelsberg
145
STOCKUM
SALINGEN
Steinberg
175
A 448
LÖTTRINGHAUSEN
GROSSHOLTHAUSEN
PERSEBECK
KRUCKEL
5
Aussichtsbank Am Ballroth
Radbrücke Pferdebachstraße
6
RÜDINGHAUSEN
SCHNEE
HEVEN
Witten
TRASSEN-IDYLL
A 45
SCHANZE
ZIEL
Hauptbahnhof Witten
Haus Witten
B 226
Hohenstein
165
AUF DEM
SCHNEE
SCHNEE
SCHANZE
SEMBERG
AHLENBERG
BOMMERN
Wartenberg
245
SCHRABERG
B 54
Klusenberg
254
N
Kallenberg
197
ENDE
Hengsteysee
Arenberg
269
0
1
2 KM
NACKEN
HERRENTISCH
Wienberg
201

AUF EINEN BLICK

- **Start:** Bahnhof Holzwickede
- **Ziel:** Hauptbahnhof Witten
- **Strecke/reine Radelzeit:** 36,5 km (Streckentour), 3 Std. 30
- **Höhenmeter:** ↗89 m, ↘114 m
- **Wegbeschaffenheit:** Etwa hälftig Asphalt und Wege aus kompakten Kies.
- **Beste Zeit:** Sommer und Herbst.
- **Kombinierbar mit:** Tour 7 findet gleichfalls am Hauptbahnhof Witten ihr Ende.
- **Mitnehmen:** Picknicksachen und Bierdurst.

DIE RADELPAUSEN

» START
Hauptbahnhof Mülheim

KM 9
1 Regattabahn im Sportpark
Bewegung liegt in der Luft

M 9,5
2 Hochseilgarten im Sportpark
Schwerkräfte am Werk

KM 21,5
3 Tiger & Turtle Landmarke
Duisburger Schwindel

14 EINE SPORT-LICHE STADT

Von Mülheim durch Duisburgs Süden

Wo in Mülheim der Radschnellweg RS 1 endet, beginnt die Fahrt durch Duisburg, das unterwegs immer mehr Facetten enthüllt. Ungeahnt viel Waldgrün, werkelnde Schwerindustrie, der Rhein, Sportstätten und sinnliche Landmarken- und Brunnenkunst entlarven den Charme des als kantig verkannten Duisburg.

KM 23
4 Rheinportal Angerort
Romantik-Kanzel am Rheinufer

KM 29
5 Restaurant Ziegenpeter im Rheinpark
Big-River-Lounge

KM 32,5
6 Lifesaver-Brunnen in der City
Brunnen der Sinnenfreude

KM 33,5 » ZIEL
Hauptbahnhof Duisburg

DIE OLYMPISCHEN SPIELE WERDEN KOMMEN, ...

... da sind sich manche Leute in Duisburg sicher: Der Ruhrpott sollte bald Ausrichter werden. Also scheint man schon an der Bewerbung zu werkeln. Von den berühmten drei Ringen, welche seit 1875 die stählernen Eisenbahn-Radreifen der Firma Krupp – heute thyssenkrupp – bewerben, ist's zu den fünf Olympiaringen symbolisch doch gar nicht so weit. Die **Regattabahn** ist fürs Rudern und Paddeln längst startklar und längst ein einladender Hingucker. Und wenn man etwas Fantasie walten lässt, schreibt die Haldenkunst der Achterbahn-Skulptur **Tiger & Turtle** das Ringsymbol bereits in den Himmel überm Rhein.

Sportliche Höchstleistungen verlangt diese Radtour nicht, weil's meist flach zugeht. Man kann es rollen lassen, etwa wenn's durchs Nachtigallental im großen Duisburger Stadtwald geht. Dass ein Zehntel der Stadtfläche aus Wald besteht, überrascht bei der immer noch bis an die Zähne mit Stahlwerken bewaffneten Metropole.

TRAINING AUF DER REGATTA-STRECKE – SO EIN SCHÖNER SPORT!

Der Start liegt in Mülheim an der Ruhr, und man nutzt fertiggestellte Kilometer des Radschnellwegs RS1, der bis zu den anvisierten Spielen vielleicht nach Osten ausgebaut sein wird. Nach dem Mülheimer Prolog schwingt sich die Route im großen Bogen durch Duisburgs Süden. Flugs ist die Regattastrecke erreicht, an die sich die Sechs-Seen-Platte anschließt. An deren Rand fährt man über das riesige Areal eines vom Erboden verschluckten Rangierbahnhofs – typische Enklave des Strukturwandels.

Wenn sich plötzlich diese imaginären olympischen Ringe gen Himmel abzeichnen, ist der Rhein erreicht. Der Achterbahn-Laufsteg auf der Haldenspitze erhebt sich über Fluss, Stahlschmieden und Wald. Danach führt die Route nordwärts am Rhein entlang, durch diverse Uferpark-Streifen mit einem bezaubernden **Rheinbalkon**, einem Blick auf den Schiffsverkehr von einer Art **Strand-Bodega**.

Einige Straßenkilometer schleusen einen schließlich durch Hochfeld und Dellviertel in die Innenstadt und schließlich entlang einer furiosen **Brunnenmeile** zum Hauptbahnhof.

Schrebergärten sind Pott-Logen.

»Blaues Haus« in Hochfeld.

Einfahrt ins Dellviertel.

RADELN & GENIEßEN

» START
Hauptbahnhof Mülheim

Vorm Bahnhof sofort der Hochbahn des RS 1 nach Westen folgen, die Ruhr überqueren, durch den Park am Ringlokschuppen und am Hochschulcampus vorbei. Über Duisburger, Wisoll-, Heerstraße und Saarner Straße bis zum roten Pfeil an der Bahnbrücke. Westwärts durch den Stadtwald bis zum Restaurant neben der Regattabahn-Tribüne.

KNOTENSCHWINDEL!

KM 9

1 Regattabahn im Sportpark

Bewegung liegt in der Luft

Man muss ja selbst nicht zu Riemen oder Paddeln greifen, aber der Anblick der gut zwei Kilometer langen Regattabahn in Duisburg-Neudorf im Sportpark lässt einen gern vom Rad steigen und die sportliche Aura fotografieren. Die Vorstellung, dass hier 8000 Zuschauer Olympioniken anfeuern könnten, ist nicht schwer abzurufen. Das Stadion hat Weltruf, wovon jede Menge Flaggenmasten zeugen. Zum Panorama gehören unterhalb der Hochterrasse des mediterranen Restaurants Die Insel gelagerte Ruderboote, denn das Gebäude gehört seit 1897 dem Duisburger Ruderverein. Es liegt also genügend sportlicher Ansporn für die Weiterfahrt in der Luft.

Kurz der Regattabahn folgen bis zum Übergang zum Parallelkanal mit der Netzbrücke hoch über Kopf.

Warten auf Olympia? Die Regattabahn ist bereit.

Looping? Logo? Jedenfalls eine der spektakulärsten Landmarken im Ruhrgebiet.

KM 21,5

3 Tiger & Turtle Landmarke

Duisburger Schwindel

Duisburg aufs Dach steigen! Die dynamische Aura eines Tigers und der langsame Gang einer Schildkröte sollen zum Namen der Achterbahn-Skulptur geführt haben (Künstler:innen: Heike Mutter und Ulrich Genth). Der Anblick der Landmarke auf der Heinrich-Hildebrand-Höhe im Angerpark wirkt seit 2011 fast wie ein Logo Duisburgs. Der Blick fällt nordwärts über die City den Rhein entlang bis nach Düsseldorf. In der Nachbarschaft blickt man auf die Skyline produzierender Hüttenwerke, dazu riesige Areale des Strukturwandels, wo brachliegende Industrie- zu Logistikflächen umgenutzt werden. Weite Waldflächen mischen auch mit. Mehr Potpourri geht kaum. Die Stufen der Landmarke suggerieren übrigens, dass man einmal rundum schleichen kann, aber natürlich ist das nur bis zum Kopfstand des Loopings möglich – Webfehler der Idee.

Rheinwärts von der Halde erneut zur Anger und dort unter einer Straßenbrücke zum Rheinportal Angerort.

KM 9,5

2 Hochseilgarten im Sportpark

Gegen die Schwerkraft

Ein Ort für Voyeure. Ausgelassenes Juchzen stoppt einen. Man kann beobachten, wie schwindelerregender Kitzel ausgekostet wird. Immer noch im Sportpark liegt neben der Regattabahn der Parallelkanal, der es Sportlern ermöglicht, auch während laufender Rennen zurück an den Start zu kommen. Hoch über dem Kanal schwingen sich Zipliner 250 Meter entlang einer Seilrutsche in gehörigem Tempo ans Ufer. Zuvor haben sie sich drüben im Hochseilklettergarten bis zur netzgeschützen Querung des Kanals vorgekämpft. Ein paar Fotos müssen dieses Mal für den eigenen Nervenkitzel genügen.

Südwärts am Ostrand der Sechs-Seen-Platte über die Masurenallee durch viel Grün: Durchs Projektgebiet 6-Seen-Wedau bis zum Abzweig Druchter Weg, dann beschildert Richtung Großenbaum, dort Richtung Huckingen, dann Wanheimer Ort und schließlich beschildert entlang dem Anger Bach zur Halde.

Himmelstürmer:in im Sportpark.

Nur gucken, nicht reinspringen!

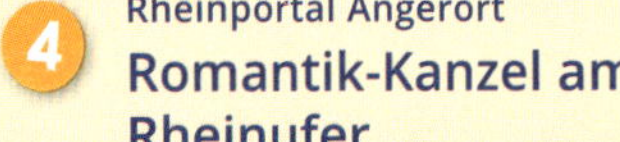

4

Rheinportal Angerort

Romantik-Kanzel am Rheinufer

Diesen kleinen Steg zum bloßen Gucken kennen nur Einheimische. Das tolle Ende eines kurzen Sackgassen-Kilometers entlang des Anger Bachs würde man gar nicht ansteuern, wäre da nicht diese kecke Aussichtskanzel direkt am rechten Rheinufer. Das architektonische Kleinod gehört zum Ausbau des Landschaftsbauwerks Angerpark auf der Ex-Schlackenhalde der Metallhütte Duisburg. Man kommt zum Schiffezählen her. Oder verleiht als Paar dem Balkon überm Fluss gar einen romantischen Appeal. Drüben blickt man auf die Friemersheimer Rheinaue.

Den Abstecher zurück, dann stur nordwärts über Ehninger Straße und Wanheimer Straße bis zum Restaurant im Rheinpark.

KM 29

5

Restaurant Ziegenpeter im Rheinpark

Big-River-Lounge

Matjestartar auf Pumpernickel klingt irgendwie kernig und passt gefühlt zum Duisburger. Aber auch das Ziegenkäse-Basilikum-Pesto gehört zum Angebot, und das Rezept wird auf der Webseite verraten. Der kulinarische Stopp auf einer Sandplattform im Rheinpark liegt direkt am Strom und ist populär. Dahinter steckt die Idee sozialer Nachhaltigkeit, betrieben wird die Location von der Duisburger Werkstatt für Menschen mit Behinderung. Man sitzt also mit gutem Gewissen und den Füßen im aufgeschütteten Sand am Rhein, einen Vitalsalat oder Ziegenpeterburger mit Knoblauch-Ziegenaise vor sich und genießt einen Hauch mediterraner Atmosphäre. (ziegenpeter-duisburg.de)

Den Park über die Rheinbrückenauffahrt verlassen und über die Rudolf-Schock-Straße und Heerstraße nordwärts in den Sonnenwall durch Dellviertel und Altstadt. Von hier auf die Königsstraße einmünden und zum Livesaver-Brunnen.

Burger und Sand am Rhein

KM 32,5

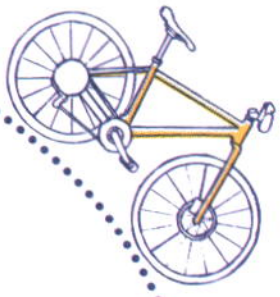

6

Lifesaver-Brunnen in der City

Brunnen der Sinnesfreude

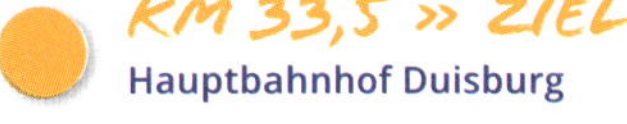

Foto-Finish! Die monumentale Figur auf der Brunnenstrecke der Einkaufsmeile ist sicher Duisburgs sinnlichster Hingucker. Gemeinsam vom Künstlerpaar Niki de Saint Phalle und Jean Tinguely geschaffen, breitet ein Vogelwesen die Schwingen aus und schützt eine sich an das Fabelwesen klammernde weibliche Gestalt. Die sich ständig drehende Sockelkonstruktion besteht aus Altmetall und kontrastiert so mit dem bunten Polyestervogel. Wasser wird ringsum versprüht. Rettung vor allgegenwärtigem Konsumzwang ist wohl gemeint. Der Brunnenstopp ist allemal ein letztes Foto wert und sorgt dafür, dass man Duisburg in sinnlicher Erinnerung behält.

Der Bahnhof liegt am Ende der Fußgängerzone respektive Brunnenmeile.

KM 33,5 » ZIEL

Hauptbahnhof Duisburg

ZUM RUMFLÄZEN!

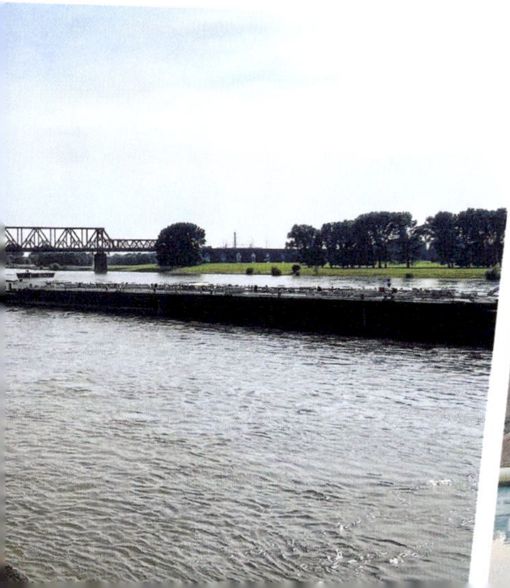

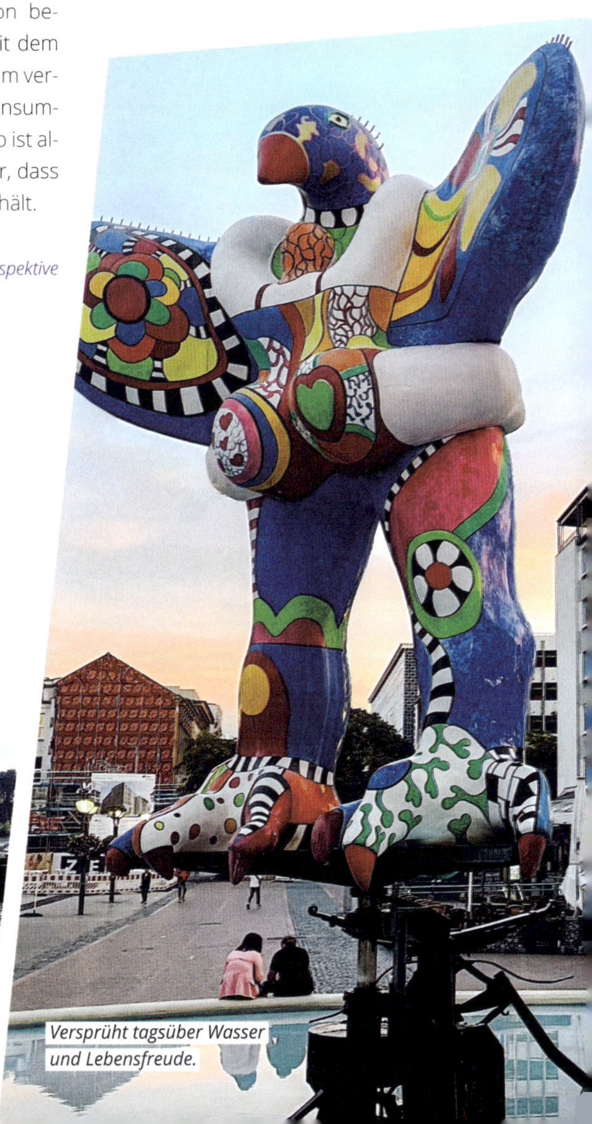

Versprüht tagsüber Wasser und Lebensfreude.

HOMBERG
ESSENBERG
NEUENKAMP
KASSLERFELD
DUISBURG
ALTSTADT
DUISSERN
Kolkmannshof
Schnabelhuck
Kaiserberg 78
6 Livesaver-Brunnen
ZIEL Hauptbahnhof Duisburg
SICHER DURCH STADTVERKEHR
LAUSCHIGER WALDPFAD
Duisburger Stadtwald
Halde Rockelsberg 68
HOCHFELD
Werthausen
HOCHEMMERICH
Michael-Thönnies-Platz
5 Restaurant Ziegenpeter
1 Regattabahn
2 Hochseilgarten im Sportpark
Margarethensiedlung
ATROP
RHEINHAUSEN
WANHEIMERORT
Hafen Rheinhausen
Bliersheim
Beamtensiedlung Bliersheim
FRIEMERSHEIM
WEDAU
Ulmenhof
BISSINGHEIM
WO EIN STADTTEIL ENTSTEHT
WANHEIM
BUCHHOLZ
Rheinportal Angerort
4
Schlossturm
3 Tiger & Turtle
Wolfsberg 63
NSG
HUCKINGEN
HÜTTENHEIM
Remberger See
GROSSENBAUM
Großenbaumer See
SCHNURGERADE WALDSTRASSE
Rahmer See
Rhein
Ruhr
0 1 2 KM

AUF EINEN BLICK

- **Start:** Hauptbahnhof Mülheim
- **Ziel:** Hauptbahnhof Duisburg
- **Strecke/reine Radelzeit:** 33,5 km (Streckentour), 3 Std.
- **Höhenmeter:** ↗48 m, ↘61 m
- **Wegbeschaffenheit:** Ein Großteil asphaltiert, auch über Stadtstraße, etwas Waldweg und fester Kies.
- **Beste Zeit:** Sommer und Herbst.
- **Kombinierbar mit:** Auch Tour 10 beginnt am Hauptbahnhof Mülheim.
- **Mitnehmen:** Trinkflasche, Sonnencreme.

DIE RADELPAUSEN

»START
Bahnhof Haltern am See

KM 7,5
1 Café zum Alten Bahnhof
Voller Teller

KM 19
2 Lippebrücke in Dorsten-Hervest
Blauer Lippesprung

KM 23
3 Lippefähre Baldur
Kurbeln, kurbeln, kurbeln

15 RÖMER-RADELN

Von Haltern bis Wesel am Rhein

Die Lippe grenzt das Ruhrgebiet nach Norden ab. Zwischen Haltern und Wesel radelt es sich gemütlich zwischen mäanderndem Flusslauf und schnurgeradem Wesel-Datteln-Kanal durch die Städtchen Dorsten, Marl und Hünxe. Der Radweg Römer-Lippe-Route vermeidet Wohnbebauung weitgehend. Der Rhein ist das Ziel.

KM 25,5

4 Biergarten Anne Bänke
Prost Mahlzeit

KM 33,5

5 Schloss Gartrop
Schloss-Romantik

KM 51,5

6 Bank an der Lippemündung in Wesel
Zurück zur Natur

KM 56,5 » ZIEL
Bahnhof Wesel

KANALGERADE MIT UMWEGEN

Wenn man am Kanal kilometerlang stur geradeaus dahinrollt, könnte einem durchaus die Direttissima einer Heerstraße in den Sinn kommen. Die von Ost nach West verlaufende Route des Fernradwegs orientiert sich nämlich lose an der ehemaligen Heerstraße der Römer durch ihre Provinz Niedergermanien. Das Wegzeichen ist dann auch ein stilisierter Helm – mehr römische Reminiszenzen finden sich aber unterwegs nicht.

Der Einstieg im gefühlt schon münsterländisch-ländlichen Haltern ist einfach aufgespürt. Oft sucht sich der Radwanderweg den geraden Strich des gut frequentierten Kanals, während die Lippe die oft kurvige wilde Begleiterin unweit nördlich davon gibt. Bisweilen wechselt man zu begradigten Abschnitten der Lippe, etwa in Dorsten. Ab und zu sollte man auch das bauchige Flussufer aufsuchen, insbesondere dort, wo man die **Baldur-Fähre** mithilfe eigener Muskelkraft zwischen den lauschigen Ufer bewegt.

SCHLOSS GARTROP NICHT NUR IM TV SEHEN: DA WURDE DIE KOMÖDIE »WELLNESS FÜR PAARE« GEDREHT!

Biergärten und Cafés bieten ideale Gelegenheiten, um sich zu stärken. Viadukte wie die **Blaue Brücke** bei Dorsten sind Unterbrechungen für Panoramablicke in beschauliche Landschaft mit Wölkchen als himmlischen Sahnehäubchen. Verwegene sieht man irgendwo am Kanal das Rad abstellen, um sich an heißen Tagen darin abzukühlen, wobei ein ausgedehntes Vollbad schon wegen der immer möglichen Begegnung mit einem Lastschiff ein heikles Vergnügen sein kann. Man mag sogar auf eigenartige floßähnliche Gefährte stoßen. Auf Angler:innen und Grillfans verübt das Kanalufer einen unwiderstehlichen Sog aus.

Umwege sollte man nicht auslassen! Einmal verlässt man die Kanallinie, weil das **Schloss Gartrop in Hünxe** so fotogen ist und die umgebenden Landsträßchen zu einem beschilderten Ausritt durch Felder und Wiesen veranlassen. In Zielnähe bietet sich ein Schlenker an, weil an der umgestalteten **Lippemündung** ein Schlupfweg durch das naturgeschützte neue Delta einen hübschen Umweg auf dem Weg nach Wesel bietet. Wo man die Rheinbrücke überqueren mag, aber die Tour am anderen Ufer ist eine andere Reise. «

Schnurstracks radeln ist auch eine Meditation.

Klammheimlicher Badespot am Kanal.

Lippramsdorfer Flachwellen und Niederungen heißt das Naturschutzgebiet an der Lippe westlich von Haltern.

RADELN & GENIEẞEN

» START

Bahnhof Haltern am See

Vom Bahnhof die Annabergstraße zwei Kilometer nach Westen bis zu einem Kreisverkehr und dem Beginn des Radwegs. Schilder unterwegs tragen das Helmsymbol der Römer-Lippe-Route.

Viele Radler im Café bedeutet viel Wegekunde.

KM 7,5

Café zum Alten Bahnhof

Voller Teller

Ein echter Szenetreff. Das zum Restaurant mit stattlichem Biergarten mutierte Ex-Bahnhofsgebäude im Halterner Ortsteil Lippramsdorf drängt sich an der Strecke gleich auf. Geparkte Drahtesel satt, Motorräder auch, da liegt der frühe Erfrischungsstopp nahe. Die Kuchenportionen in der Theke sind von stattlichem Kaliber, und den Bräterwagen vor dem Gebäude umweht der untrügliche Duft von Burgern nebst Pommes. Den Burger gibt's scharf mit Chili oder auch als veganes Gericht – man kann ja während der längeren Tour viele Kalorien wieder abradeln. (cafezumaltenbahnhof.de)

Der deutlichen Beschilderung nach Hervest und Dorsten am Kanal folgen.

KM 19

Lippebrücke in Dorsten-Hervest
Blauer Lippesprung

Ein schmuckes blaues Wunder: Die ehemalige Zechenbahnbrücke über die Lippe in Dorsten – der Kanal verläuft unweit südlich davon – ist nach der Renovierung 2019 ein prächtiger Hingucker, gut frequentierte Radverbindung zwischen den Dorstener Stadtteilen Hervest und Feldmark und als Fotostopp für den von der Brücke blau gerahmten Lippeblick ideal. Am Südende steht eine wuchtige Sitzgruppe aus Holz und wirkt einladend für Stopp und Schnack mit anderen Gästen. Am Nordende der Brücke sorgt der Wegweiserbaum des Knotenpunkts 67 für Orientierung.

Über die Brücke entlang des Nordufers der Lippe vorbei bis zur Lippe-Brücke Borkener Straße in Dorsten nach Süden, um am Kanal westwärts weiter an Skulpturen im Park Maria Lindenhof bis zur ausgeschilderten Lippefähre zu radeln.

Die Lippe als gerahmter Hingucker.

Ausnahmsweise sind Arm- statt Beinmuskeln gefragt.

KM 23

Lippefähre Baldur
Kurbeln, kurbeln, kurbeln

Einmal selbst Fährmann oder Fährfrau spielen – mit etwas Armkraft. Vom Kanal ist's nur ein Katzensprung über eine Stelle an der Lippe, wo es für Zechenarbeiter seit Langem eine Fähre gab. Das von Azubis gebaute skurrile Gefährt wurde nach einer der lokalen Schachtanlagen »Baldur« getauft. Man muss allerdings selbst Hand anlegen, um die schmale Lippe zwischen den Dorstener Stadtteilen Holsterhausen und Hardt mit dem Kettenfahrzeug zu queren. Zu zweit sollte man schon sein, damit das Manöver des Anlegens gelingt, mehr als acht Personen zugleich sind nicht drin. Wer am Kanal weiterfahren mag, kann just for fun hin- und zurückkurbeln. Vorsicht: Jeglicher Paddelverkehr hat Vorfahrt! Tipp: Am Radfernweg gibt's insgesamt vier ähnliche Personenfähren. (roemerlipperoute.de/entdecken/uebersetzen-mit-den-lippefaehren)

Kurz zurück zum Kanal und weiter bis zum Biergarten.

KM 25,5

4 Biergarten Anne Bänke

Prost Mahlzeit

Endlich ein Biergarten. Szeniger und uriger Stopp. Zwischen die lange Reihe von Sitzgruppen passt nur noch der Radweg, daneben liegt bereits der Kanal. Man bestellt ab nachmittags Frikadelle oder Würstchen am Tresen, dazu gibt's zahlreiche Biersorten. Gut versorgt genießt man den Blick auf den leise schleichenden Kanalverkehr. Und das Fachsimpeln mit anderen Gästen. Radeltipps von Einheimischen inklusive. Das Ganze hat die Aura von einer Stammkneipe. Wohl auch, weil die Bierpreise vergleichsweise günstig sind. (anne-baenke.de)

Am nördlichen Kanalufer westwärts, bis einen die Wegweisung kurz nach rechts auf die Gahlener Straße Richtung Hünxe und Wesel und zum Schloss und Punkt 76 leitet.

Ne Frikadelle ist halt ein Bremsklotz. Aber selbstgemacht.

Schloss-Romantik an der Lippe.

KM 33,5

5 Schloss Gartrop

Schloss-Romantik

Kurz mal aus dem Fluss der Radstrecke am Kanal gelockt, lugt schnell das Hauptgebäude des Wasserschlosses durchs Geäst. Fotogen ist schon der erste Anblick über einen der Wassergräben, die den englischen Landschaftsgarten durchziehen. Bei schrägem Sonnenlicht spiegelt sich ein Brückengeländer im teichartigen Gewässer, und man hat ein romantisches Bild im Kasten. Noch vor dem Eintritt in den Park steht ein altes Mühlengebäude mit stillgelegtem hölzernen Rad, davor eine Sitzgruppe, an der es sich schön für einige Momente verweilen lässt. Das Schloss im recht nüchternem Barockstil niederländischer Provenienz ist nicht untypisch für etliche Wasserschlösser im Ruhrgebiet. Womit natürlich das Klischee über den vermeintlich stillosen Pott ausgeräumt ist.

Ausflug über Landsträßchen zu Punkt 76 am Bühler Feldweg, dann zurück zum Kanal und dort entlang weiter zu den Punkten 68, 70, 66 und 67 bei der Schleuse Friedrichsfeld in Wesel. Weiter zum nahen Punkt 64, an dem der Umweg über den Hülskensweg beschildert ist.

KM 51,5

6 Bank an der Lippemündung in Wesel

Zurück zur Natur

Die Aussicht von dieser Bank erstaunt. An dieser Stelle des geschotterten Radelumwegs Hülskensweg fällt der Blick auf Teile der Lippe und die sie seit 2014 umgebende Aue. Davor hatte der Fluss nichts von Naturnähe, heute lässt er Überschwemmungen zu und gestaltet dadurch sein Aussehen kurz vor der Rheinmündung selbst. Den gelungenen naturnahen Umbau kann man dank des Hülskenswegs buchstäblich erfahren. Und an der Bank wird der Prozess – eingebunden in weitere Renaturierungs-Stücke im Lippe-Verlauf – eindringlich erklärt. So erfährt man hier, was man sieht und wie es dazu kam. Mit Luftaufnahme. Danke dafür! (initiative-lippemuendungsraum.de)

Den Hülskensweg bis zu Lippequerung an der Rheinbrücke Wesel, dann Richtung Zitadelle und Bahnhof.

Je später der Tag, desto schöner das Radeln in die Sonne.

KM 56,5 » ZIEL

Bahnhof Wesel

Auch für Renaturierung wurde im Ruhrgebiet geschuftet – mit Erfolg! Lippe und Rhein bei Wesel.

AUF EINEN BLICK

- **Start:** Bahnhof Haltern
- **Ziel:** Bahnhof Wesel
- **Strecke/reine Radelzeit:** 56,5 km (Streckentour), 4 Std. 30
- **Höhenmeter:** ↗27 m, ↘40 m
- **Wegbeschaffenheit:** Weit über die Hälfte feste Kieswege, der Rest Asphalt. Manchmal kann man dem Kies am Kanal auf parallelem Straßenasphalt ausweichen.
- **Beste Zeit:** Sommer und Herbst
- **Kombinierbar mit:** In Wesel kann man an der Rheinbrücke übersetzen und an Tour 16 bis Xanten anschließen.
- **Mitnehmen:** Fotoapparat, Selfiestick.

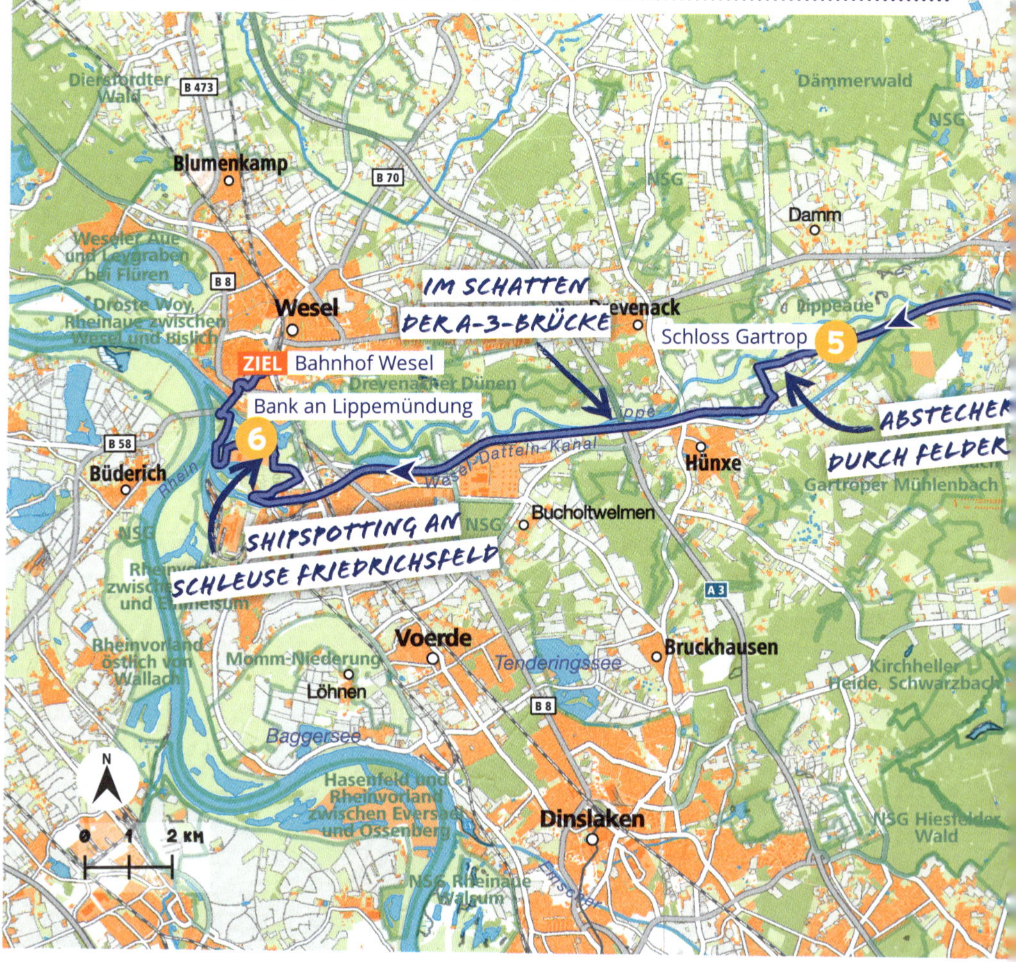

Bahnhof Haltern am See START
Café Zum Alten Bahnhof
Lippefähre Baldur
Lippebrücke
Biergarten Anne Bänke
BESCHAULICHER GERADEAUSLAUF
Haltern am See
Dorsten
Marl
RECKLINGHAUSEN
Herten
Gladbeck
Wulfen
Lippramsdorf
Sickingmühle
Hamm-Bossendorf
Lembeck
Rhade
Deuten
Marbeck
Bahnhof Reken
Klein Reken
Hülsten
Lavesum
Holtwick
Hohemarkenbusch
Heubachniederung Lavesumer Bruch und Borkenberge
Weisses Venn-Geisheide
Silbersee
Rhader Wiesen
Üfter-, Rüster- und Emmelkämper Mark
Bachsystem des Wienbaches
Blauer See
Lippeaue
Altendorf-Ulfkotte
Polsum
Steinernkreuz
Feldhausen
Hardinghausen
Kirchhellen
Grafenwald
Westerholt
Ewaldsee

DIE RADELPAUSEN
» START
Bahnhof Rheinberg
KM 8
1
Rastplatz am Rheindamm
Naturberatung
KM 22
2
Hotelrestaurant in Büderich
Wacht am Rhein
KM 24,5
3
Niederrheinbrücke Wesel
Brückensog

VATER RHEIN IM RUHRGEBIET

16

Von Rheinberg nach Xanten

Etwas Rhein muss sein. Am westlichen Ufer. Am naheliegendsten ist es, mit der Fließrichtung vom Orsoyer Bogen aus entlang des Damms durch die einsamen Auen zu rollen. Tiefenentspannt. Kähne auf dem Strom zu beobachten ist meditativ. Auf der Bislicher Insel vor Xanten wird man von Seeadlern beäugt.

KM 28

4 Altes Eisenbahnviadukt bei Wesel

Honigsüße Romantik

KM 34

5 Bislicher Insel

Mit Adleraugen

KM 37

6 Restaurant Zur Rheinfähre Xanten

Bier und Schnitzel am Fluss

KM 40 » ZIEL

Bahnhof Xanten

NIEDERRHEINISCH LERNEN

Zwischen Xanten und Rheinberg sowie Moers passt kein Blatt Papier. So ähnlich drückt die Niederrhein-Bewohnerschaft ihr Gefühl für regionale Zugehörigkeit aus. Diese Gegend soll noch zum Ruhrgebiet zählen? Der Ruhrpott liegt doch auf der anderen, der östlichen Rheinseite. Mithin auf einem anderen Planeten. Schon in Wesel, nur kurz über die prächtige Straßenbrücke, spricht man bereits eher ein münsterländisches Platt. Auf der flüssig geradelten **Rheindamm**-Tour durch Auengegend zwischen Orsoy und Xanten sollte man also jemand ansprechen, um die örtliche Sprachmelodie aufzuschnappen – den hier verwurzelten kabarettistischen Literaten Hanns Dieter Hüsch im Ohr.

JEDE MENGE VOGELLEBEN AM VIADUKT UND AUF DER BISLICHER INSEL

Kontakt herzustellen ist während dieses Ausflugs ins Niederrheinische nicht so einfach, denn wenn man mal vom Bahnhof in Rheinberg den Deich am Orsoyer Rheinbogen erreicht hat, fällt jede und jeder in einen meditativen Tritt auf gepflastertem Radweg, zunächst noch ohne Rheinsicht. Alles ist im Pedalfluss, es lässt sich zügig strampeln. Entgegenkommende zeichnen sich früh am Horizont ab. Schafherden innerhalb von Wanderzäunen und auch Rindvieh kauen vor sich hin. Die Einkehr auf der Rheinterrasse des Hotelrestaurants **Wacht am Rhein** verschafft erste, aber wenig lokale Kontakte. Auf der naturgeschützten **Bislicher Insel** – wo der Regionalverband Ruhr ein Infozentrum führt – wird man dann bei den Vogelbeobachter:innen eher fündig. Und bald hat man schon die alte Römerstadt Xanten erreicht samt **Restaurant zur Rheinfähre**.

Birne mit Schönheitsfehler.

Die schwungvolle Tour sollte man für einen sonnigen Nachmittag planen. Denn die immer tiefer sinkende Sonne lässt den eigenen Schatten lang und länger über die Rheindamm-Ebene huschen. Flussverkehr ist oft tuckernder Begleiter, später kommen dann mit Glück Eulen und vielleicht sogar Seeadler hinzu. Das historische Viadukt bei der **Rheinbrücke Wesel** setzt ein romantisches Highlight.

Tipp: Die Hin- und Rückfahrt auf separatem Radstreifen über die Schrägseilbrücke in Wesel verschafft prickelnde Hochgefühle während zweimaliger Überquerung des Rheins. «

Rhein in Reichweite – Bislicher Insel kurz vor Xanten.

Spricht niederrheinisch.

Aus den Rheinwiesen erhebt sich die Schrägseilhängung der Niederrheinbrücke Wesel seit 2009.

RADELN & GENIEẞEN

»START

Bahnhof Rheinberg

Am Parkplatz des kleinen Halts der Regionalbahn aus Duisburg geht's via Zentrum von Rheinberg zum Punkt 9, danach Richtung Punkt 7 über den Flecken Eversael, dort über die Straße Zum Rhein zum Rheindamm, auch mit Milchplatz beschildert.

KM 8

1 Rastplatz am Rheindamm

Naturberatung

Kurz nach dem Erreichen des Rheindamms – der Rhein ist noch nicht zu sehen – steht am Radweg eine Rastbank mit Infotafeln. Dort ist der Blick weit, und die Informationen sind interessant. Es gibt viel zu lesen über Naturschutzmaßnahmen im Orsoyer Rheinbogen im Vogelschutzgebiet Unterer Niederrhein. Der Schwund von Arten soll mithilfe des europäischen Naturschutzfonds Life zurückgedreht werden. Man versteht, dass Weidetiere dafür die Strukturvielfalt gestalten und so etwa gegen Verbuschung arbeiten. Die Schafherden, auf die man bald öfter trifft, mähen also nicht nur das Gras, sondern arbeiten daran, dass es gemischte Flächen gibt. Gleiches gilt für die Rindviehherden. Wenn man den Damm hochläuft, erstaunt der Anblick: Das Rheinvorland im Flussbogen drüben ist etwa einen halben Kilometer tief und bietet einen anderen Anblick als die bewirtschaftete Landschaft diesseits vom grünen Deich.

Einfach nur auf dem asphaltierten Weg die Knotenpunkte 99, 98, 91 und 90 aneinanderreihen. Das Restaurant liegt beim Punkt 61.

Hier wird Naturschutz erklärt.

Aprikosen-Käsekuchen als Wacht am Rhein.

Niederrheinbrücke Wesel am Stromkilometer 814.

RÜBER UND RETOUR!

KM 22

KM 24,5

2

Hotelrestaurant in Büderich

Wacht am Rhein

Die dominanten Schrägseile der Niederrheinbrücke schon fest im Visier, springt plötzlich der Turm des Hotels Wacht am Rhein in den Blick. Der Stopp auf der Restaurant-Terrasse in Steinwurfweite vom Strom ist ein Muss. Ort und Gebäude wirken mit klassischer Eleganz furchtbar einladend. Nach etlichen Radelkilometern durch kargschöne Deichgegend sind Kaffee und Kuchen – natürlich gerne draußen und im silbernen Kännchen – das unerwartete Sahnehäubchen des Nachmittags im Sattel. Der Blick über den Tassenrand auf den Rhein ist friedvoll und folgt den langen Lastkähnen in die nächste Flusskurve. Nebenbei kann man von einem Gedenkschild erfahren, dass das Alliierten-Trio Churchill, Montgomery und Eisenhower am 25. März 1945 vom Hotelbalkon die Invasion ihrer Truppen inspizierte.

Zum Knotenpunkt 60 diesseits der Brücke, gegebenenfalls einmal die Rheinbrücke zum Punkt 65 überqueren und zurück.

3

Niederrheinbrücke Wesel

Brückensog

Wenn sich die mächtige Straßenbrücke so lange angekündigt hat, sollte man sie nicht einfach rechter Hand liegen lassen. Der kleine Seitensprung vom direkten Weg nach Xanten verlangt nur eine kurze Auffahrt über eine Rampe. Schwups steht man am Beginn der Rheinüberquerung und schießt ein paar Fotos, während man von Radelnden auf dem Weg nach Wesel passiert wird. Der vom Autoverkehr sicher abgetrennte Radweg kann sehr einladend wirken für einen kurzen Sprung über den Rhein und zurück. Warum nicht?

Nur ein kurzes Stück vom Knotenpunkt an der Brücke Richtung Xanten steht das Viadukt.

Einzigartiger Honigspender!

KM 28

Altes Eisenbahnviadukt bei Wesel
Honigsüße Romantik

Ein prächtiges Örtchen für einen Stopp zum Schauen und Fotografieren. Nur einen Steinwurf von der Niederrheinbrücke liegen die mit Ziegeln erbauten Reste einer alten Land-Vorbrücke als industrielles Relikt in der Auenlandschaft. Die eigentliche Eisenbahnbrücke nach Wesel wurde in den letzten Kriegswochen von der Wehrmacht zerstört. Die romanischen Bögen sind also Mahnmal und zugleich romantisch anmutende Ruine in weitläufiger Rheinufernatur. Wer durchs Fernglas genauer hinschaut, könnte besonders am frühen Abend Turmfalke, Steinkauz, Fledermausarten und Mauerbienen entdecken. Wenn man sich vom Anblick losreißt und umdreht, steht man vor einem Automaten, der Honig aus der Produktion des kleinen Betriebs nebenan spendet – Bargeld ist erforderlich.

Die Fahrtrichtung Punkt 59 und Xanten ist ausgeschildert. Der Stopp kommt nach den Durchfahrten der Dörfer Perrich und Werrich und liegt kurz vor dem Naturzentrum Bislicher Insel zwischen zwei Alt-Rhein-Armen.

KM 34

5

Bislicher Insel
Mit Adleraugen

Hier tummeln sich Kiebitz, Sumpfohreule und Seeadler. Zwischen seeartigen Altarmen lohnt sich das Absteigen. Schließlich ist die Bislicher Insel, eine 1200 Hektar große Auenlandschaft aus Wiesen, Wald und Gewässern, Nordrhein-Westfalens einziges bekanntes Brutrevier für Seeadler. Also den Himmel scannen und den Blick über die Wasserflächen streifen lassen. Die Idee, dass die Insel hier eines Tages zum Schutz der Auen nicht mehr durchfahren werden soll, ist in der Welt – der Rhein könnte hier wieder seine vom deutschen Kaiser begradigte Kurve zurückkriegen. Der Verkehrsrückzug aus der einsamen Weite liegt gefühlt schon in der Luft. Das Naturforum des Regionalverbands Ruhr ein paar hundert Meter weiter informiert über die Natur. Auch darüber, wo sich Unterstände zur Vogelbeobachtung verstecken.

Am Infozentrum vorbei Richtung Xanten erreicht man das Ausflugslokal direkt am Rhein.

Filmreif, romantisch und Vögeln eine Heimat.

Rhein-Altarm auf Bislicher Insel.

EXTRA INFOS:

Das ● **Naturforum Bislicher Insel** informiert medial modern und spannend über die Natur der Auenlandschaft. Der Besuch kann sich hinziehen, auch weil das Café attraktiv ist.

KM 40 » ZIEL

Bahnhof Xanten

KM 37

6

Restaurant Zur Rheinfähre Xanten

Bier und Schnitzel am Fluss

Das Ausflugslokal liegt ideal am Rhein und lockt mit vielen Tischen. Wenn man die Abfahrtszeiten der kleinen Regionalbahn »Der Niederrheiner« von Xanten in Richtung Duisburg kennt, ist eine einfache Mahlzeit mit Schnitzel und Pfannengemüse oder bloß eine Erfrischung hier zeitlich gut einzubauen. Der Laden mit Selbstbedienung brummt und wird durch die Nähe zur bloß 100 Meter entfernten Personenfähre über den Fluss erst recht zum Magneten. Irgendwie das natürliche Ende einer schönen Radtour am Rhein im Ruhrgebiet.

Die Bislicher Straße führt nun südwärts nach Xanten hinein. Der Bahnhof ist ausgeschildert – am gradlinigsten erreichbar, wenn man an der Kreuzung Viktoriastraße rechts abbiegt.

Abendbrot am Rhein bei Xanten.

Lüttingen
Altrhein
Rheinaue Bislich-Vahnum
Droste Woy
LIEBLINGSDORF
PERRICH
Haus Erprath
6
Restaurant Zur Rheinfähre
Bahnhof Xanten ZIEL
Xanten
BEEK
Rhein
Naturforum Bislicher Insel
Vogelbeobachtung Bislicher Insel
5
Abschussstellung Nike
Heesberg 74
Vetera Castra
Ginderich
Arena Campestris
Wolfsberg 74
TRAUMSCHÖN
UND ABGESCHIEDEN
Alter Rhein
Birten
Grenzdyck
Freizeitsee Menzelen
Rothersberg 33
B 57
Menzelen-Ost
Burg Winnenthal
Veen
Menzelen-West
Rill
Stebbingsberg 33
Haagscher Berg 59
Drüpt
BORTH
Bodendenkmal Römerlager
Alpen
Burg von Alpen
Bönninghardt
Huck
A 57
B 58
Millingen
Haus Heideck
N
0
1
2 KM
Alpsray

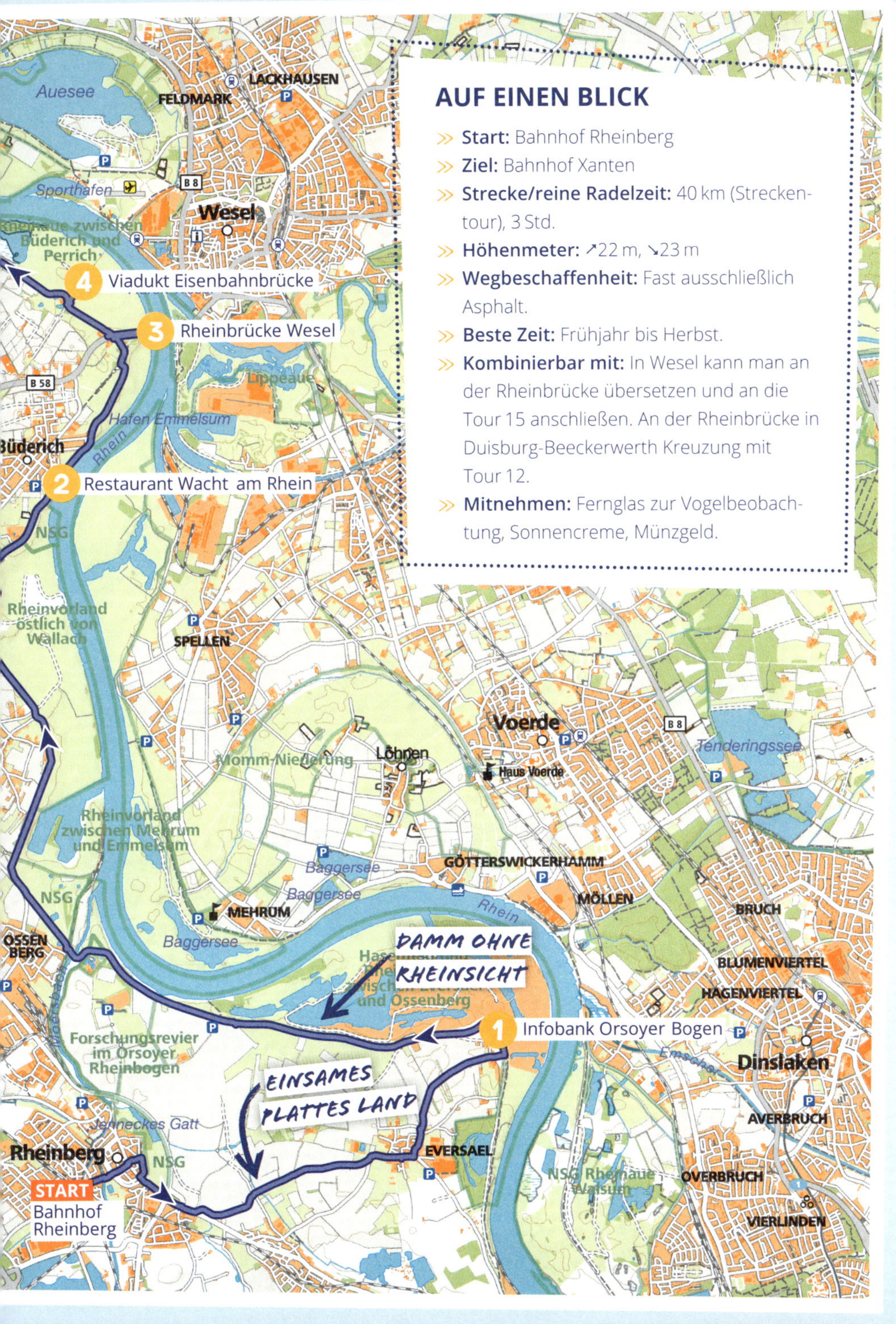

AUF EINEN BLICK

- **Start:** Bahnhof Rheinberg
- **Ziel:** Bahnhof Xanten
- **Strecke/reine Radelzeit:** 40 km (Streckentour), 3 Std.
- **Höhenmeter:** ↗22 m, ↘23 m
- **Wegbeschaffenheit:** Fast ausschließlich Asphalt.
- **Beste Zeit:** Frühjahr bis Herbst.
- **Kombinierbar mit:** In Wesel kann man an der Rheinbrücke übersetzen und an die Tour 15 anschließen. An der Rheinbrücke in Duisburg-Beeckerwerth Kreuzung mit Tour 12.
- **Mitnehmen:** Fernglas zur Vogelbeobachtung, Sonnencreme, Münzgeld.

DIE RADELPAUSEN

>> START
Bahnhof Rheinberg

KM 7,5
1 Kloster Kamp
Im Garten Eden

KM 11
2 Kiosk in Alt-Siedlung Friedrich-Heinrich
Hömma, 'ne Tüte Klümpchen, bitte!

KM 16
3 Radlerbrücke über A42 beim Wasserturm Pattberg
Unort im Pott

17

KLOSTER, KLÜMPCHEN, KUHTEICH

Niederrhein-Schleife über Kamp-Lintfort und Orsoy nach Moers

Derart schroffe Gegensätze im äußersten Westen des Ruhrgebiets sind eine echte Überraschung. Die S-Kurve östlich des Rheins reiht Klostergärten, Schrottpanorama, Rheinstrand und eine Halde mit riesiger Grubenlampe als Leuchtturm auf. Zwischendurch gibt's ländliche Szenen und Rheinbegleitung inklusive.

KM 25,5
4 Kuhteich in Orsoy
Mystischer Teichblick

KM 27
5 Rheinfähranleger Orsoy
Beach mit Wumms

KM 36
6 Halde Rheinpreußen
Lampe für Weitblick

KM 40 » ZIEL
Bahnhof Moers

MEDITATIV BIS ERLEUCHTEND

Der Startpunkt im gemütlichen Städtchen Rheinberg ist derselbe wie bei der anderen Niederrhein-Tour 16, aber diesmal stößt man abseits des Rheins in die ländliche Randzone des Ruhrgebiets. Zunächst begleitet man Schnellstraßen, vom Verkehr getrennt durch Grünstreifen. Während flotter Asphaltfahrt entwickelt sich Vorfreude auf den meditativen Stopp am **Kloster Kamp** in Kamp-Lintfort.

Danach setzt sich das Schlendern in einem parkartig angelegte Korridor fort. Ein mit Erklärtafeln gespickter und gut zu radelnder Wandelweg führt vom grünen Ortsteil Kamp schließlich nach Lintfort, wo die Kulturgeschichte der Stadt ihr malochendes Gesicht zeigt. Ein Jahrhundert Bergbau war auch am Niederrhein prägend, fand 2012 sein Ende. Zur Landesgartenschau 2020 gestaltete man das Zechengelände Friedrich-Heinrich zum Erholungspark um. Nebenan durchtrennt die Behaglichkeit der **Alt-Siedlung Friedrich-Heinrich**. Und trifft redselige Lintforter. Natürlich am Kiosk. Die niederrheinische Mundart hört man hier nicht, das Ruhrdeutsch als Sprache dereinst zugewanderter Arbeiter erinnert ans Kernruhrgebiet.

TOLLE FOTOMOTIVE: CALAMONDIN-ORANGEN IM KLOSTERGARTEN UND DAS GRAFFITO AM RANDE RHEINBERGS.

Nach dem Besuch der so janusköpfigen Stadt wendet man sich wieder ostwärts gen Rhein. Wie zu erwarten geht's ländlich zu, jedoch stößt man am Fuß der Halde Pattberg urplötzlich in das postindustrielle **Szenario eines Pott-Unorts**. Um schließlich über Felder und durch Örtchen im malerisch umwallten **Orsoy** zum Rhein zu gelangen, direkt gegenüber vom weißen Riesenturm des Kraftwerks Walsum. Hier ergäbe sich gar die Möglichkeit, mit der **Rheinfähre** überzusetzen und an eine Tour durch Duisburg anzuschließen.

Fast ungern trennt man sich von der Oase Orsoy und radelt rheinauf durch Auen, bis die **Halde Rheinpreußen** als fulminantes Finale lockt. Durch Koniferen- und Kräuterduft geht's zum Plateau hinauf, wo eine riesige Grubenlampe dem westlichen Ruhrgebiet kulturhistorisch heimleuchtet. Der weite Blick über den Rhein nach Duisburg hallt nach, wenn man zum Bahnhof nach Moers radelt. «

RADELN & GENIEßEN

Bahnhof Rheinberg

Vom Knotenpunkt 10 am kleinen Bahnhof von Rheinberg geht's westwärts zum Punkt 13 in Kamp-Lintfort zum Kloster Kamp.

Knotenpunkt 5 in Orsoy.

KM 7,5

Kloster Kamp

Im Garten Eden

Die prachtvolle Anlage, gegründet 1123, ist das erste Zisterzienser-Kloster im deutschsprachigen Raum. Man kann sein Rad im Café-Garten abstellen und sich dann mit Ruhe einen Überblick über den sich unterhalb entrollenden Terrassengarten verschaffen. Das ganze Areal war 2020 Teil der Landesgartenschau Kamp-Lintfort und ist in Top-Zustand. Über Treppen an einem Brunnen vorbei steigt man zu den Wegen hinab und spaziert durch prächtige Beete. Bänke laden zum betrachtenden Verweilen ein. Neben den fünf separaten Gärten könnte einen noch ein Besuch der barocken Kirche und des Museums locken, aber allein der Terrassengarten als Prunkstück genügt für eine etwas längere Radelpause mit kreativen fotografischen Aufgaben. Als Abrundung dient das leckere Kuchenangebot des Cafés. (kloster-kamp.eu)

Helm ab: Respektvolle Andacht im Klostergarten.

Über den ausgeschilderten Wandelweg entlang des Flüsschens Große Goorley geht's zur Alt-Siedlung beim Knotenpunkt 12.

KM 11

Kiosk in Alt-Siedlung Friedrich-Heinrich

Hömma, 'ne Tüte Klümpchen, bitte!

Diese sanierte Zechensiedlung in Lintfort wurde im Weltkrieg kaum zerstört und wirkt wie ein intaktes Gartendorf. Hier möchte man zu gern wohnen. Breite Straßen, viele Bäume und Gärten, historische Häuschen mit steilen Dächern. Gut zu er-fahren über die zentrale Ebert-Straße, die anderthalb Kilometer hindurchführt. Gegenüber vom stattlichen Rewe-Markt liegt mittendrin der Kiosk Am Markt – ein idealer Haltepunkt für einen Schwatz und den Kauf von Erfrischungen. Tütchen mit Weingummi liegen ganz vorn im Fenster, der Genuss der Leckereien unterwegs wird die Erinnerung an Lintfort verlängern.

Vom südlichen Ende der Ebert-Straße folgt man der Beschilderung zu Punkt 48, umfährt einen Baggersee und richtet sich nordöstlich aus in Richtung Moers-Repelen zum Punkt 49.

Süßes und Saures am Siedlungskiosk.

KM 16

Radlerbrücke über A42 beim Wasserturm Pattberg

Unort im Pott

Dieser Gedanke ist angebracht, wenn man von der Verbandsstraße in Moers-Repelen durch ein Gebüsch eine steile Rampe hochschiebt und sich dann unvermittelt diese groteske Ansicht entfaltet. Eine handtuchbreite Brücke überfliegt eine Autobahn auf ein für den Niederrhein schräges Panorama zu. Eine monumentale Halle drängt sich als Querformat ins Bild, darüber erhebt sich ein Kugel-Wasserbehälter auf dünnem Gerüst wie ein Ballon. Der rostige Anblick des Wasserturms der ehemaligen Zeche Pattberg und die Flut aus Solarpaneelen, welche die ehemalige Kohlenmischhalle der Zeche bedecken, bilden eine kuriose Resterampe der örtlichen Zechengeschichte. Vor dem Brückengang verdient das einen Stopp, zu dem die lärmende A42 den Soundtrack bietet. Kriegt man das aufs Foto? Sonst glaubt's einem keiner.

Am Knotenpunkt 49 an der Halde radelt man in Richtung Rheinberg zum Knotenpunkt 6. Unterwegs immer den kleinen roten Pfeilen durch Felder und entlang der Straßen folgen. Dann zum Knotenpunkt 5 im Zentrum Orsoys.

Kuhteich ohne Kühe

KM 25,5

4 Kuhteich in Orsoy

Mystischer Teichblick

Der Teich liegt unmittelbar vor dem südwestlichen Zugang zum Wall, der das dicht gedrängte Zentrum Orsoys umgürtet. Rechter Hand liegt eine Aussichtskanzel im Wall, die Kuhpforte. Um der großen Anzahl sich im See tummelnder Fischarten nahezukommen, müsste man schon angeln. Es bleibt der hübsche Anblick, gerahmt durch zahlreiche Bäume. Wäre man im Winter unterwegs, wären die sonst im Laub verborgenen Mistelgewächse zu sehen. Wer dennoch forschend hinschaut, könnte die Nester einer Kolonie von Krähen fälschlicherweise für Mistel-Ballons halten. Am Aussichtsbalkon gibt ein Hinweisschild eine Telefonnummer preis, unter der man einen zweiminütigen Sprachbeitrag über Mistel-Mystik abhören kann.

Vom Kuhteich kurz den Ort zum Rheinufer queren, dabei das Tor Rheinpforte zum Fähranleger durchfahren.

SEILTANZ!

Autobahnbalkon und Kugel-Wasserturm.

Navigation im Strom bei Orsoy.

KM 27

5

Rheinfähranleger Orsoy

Beach mit Wumms

Am anderen Ende von Orsoy verlässt man die Wallanlage durch das Rheintor, um zur Roll-on-roll-off-Rheinfähre zu kommen. Durch den kolossalen Turm des Kraftwerks Walsum auf der Duisburger Seite bekommt dieser Anblick ein skurriles Drama. Sogar die langen Frachtkähne auf dem Strom schrumpfen im Vergleich zum 181 Meter hohen weißen Turmriesen. Die ständig pendelnde Fähre wirkt gar wie eine Nussschale und bewegt sich wegen der Strömung seitwärts von Ufer zu Ufer. Der beste und beinahe kitschige Ort, das alles mit Muße zu beobachten, ist ein kleiner Sandstrand links der Fährrampe. (rheinfaehre-walsum.de)

Vom Knotenpunkt 5 an der Kirche in Orsoy südwärts zum Punkt 23, dort dann zu 17 an der Halde radeln.

Begehbares rotes Geleucht.

6 Halde Rheinpreußen
Lampe für Weitblick

Hat man sich mal auf Plateau der Halde gearbeitet, breitet sich ein traumhaftes Panorama aus. Der Niederrhein hüben, Duisburger Kraftwerke drüben, dazwischen der Rhein wie ein silbernes Band. Damit aber nicht genug, denn aus der Insel des Haldenplateaus erhebt sich etwa 100 Meter über Rheinniveau diese nochmal fast 30 Meter hohe Grubenlampe, deren knallrote Farbe sie zu einem Leuchtfeuer macht. Die von Otto Piene entworfene Landmarke setzt den Malochern unter Tage ein sinniges Denkmal, denn ohne ihre Grubenlampe – das »Geleucht« – war die Welt dort unten wirklich kohlrabenschwarz. Natürlich kann man die Halde umradeln, aber die Zeit dort oben sollte man für den Aufstieg in die Lampe und einen der besten Ausblicke über Niederrhein und Ruhrgebiet nutzen. (ruhrgebiet-industriekultur.de/halde-rheinpreussen)

Vom Haldenfuß an Knotenpunkt 17 Richtung Punkt 16 und dann kurz zu Punkt 46 am Bahnhof radeln.

EXTRA INFOS:

Die **Gärten vom Kloster Kamp** (Stopp 1) sind ohne Eintritt zu besichtigen, Kirche, Gewölbe und Museum kosten.

Wenn man die Zeit hat, ist der aussichtsreiche Rundweg über die **Wallpromenade von Orsoy** (bei Stopp 4) wunderschön.

Bahnhof Moers

DIESE WEITE!

Hüben Niederrhein, drüben Ruhrpott – tolle Haldenaussicht.

AUF EINEN BLICK

» **Start:** Bahnhof Rheinberg
» **Ziel:** Bahnhof Moers
» **Strecke/reine Radelzeit:** 40 km (Streckentour), 3 Std. 30
» **Höhenmeter:** ↗97 m, ↘88 m
» **Wegbeschaffenheit:** Fast ausschließlich Asphalt.
» **Beste Zeit:** Frühjahr bis Herbst.
» **Kombinierbar mit:** Beginnt wie Tour 16 in Rheinberg. An Beeckerwerther Rheinbrücke in Duisburg Kreuzung mit Tour 12.
» **Mitnehmen:** gute Kamera, Kleingeld fürn Kiosk.

WALLSPAZIERGANG MACHEN
ORSOY
4 Kuhteich
5 Rheinfähre
6 Halde Rheinpreussen
ZIEL Bahnhof Moers
Wolfskuhlen
Baggersee Hardtsches Feld
Orsoyerberg
VIERBAUM
Baggersee Vietenhof
Baggersee Laakmannshof
Lohheidersee
LOHHEIDE
Mispelkampsberg 29
BORNHEIM
Baerler Busch
BAERL
Fredberg
Meerbusch
Voßbusch
EICK OST
L 237
Gerdt
UTFORT
Am Rottfeld
Invalidenwäldchen
Im Kirchenfeld
MEERBECK
MOERS
SCHERPENBERG
HOCHHEIDE
Heimchesberg Bruch
Uettelsheim
Am Steinchesbusch
Uettelsheimer See
IN DEN HAESEN
In den Rheinkampen
Die Wurp
HOMBERG
L 140
RUHRORT
Mercatorinsel
Vinckekanal
LAAR
BEECK
BEECKERWERTH
A 42
BRUCKHAUSEN
Rhein
Hinter der Krummen Morgesheck
Binsheim
Naturschutzgebiet Rheinaue Binsheim
Alsum
Alsumer Berg
MARXLOH
Landschaftsbauwerk
Schwelgern
FAHRN
ALDENRADE
WALSUM
A 59

DIE RADELPAUSEN

» START
Bahnhof Hamm

KM 2
1 Auf der Hammer Hafenmauer
Sitting on the dock of the bay

KM 10
2 Naturschutzgebiet Tibaum
Don't fence me in

KM 18

3 Griechischer Imbiss in Bergkamen
Griechischer Wein

18 VON LIPPE ZUR RUHR

Von Hamm über Unna nach Schwerte

Die ganze Bandbreite des Ruhrgebiets wird auf der Tour zwischen den beiden Grenzflüssen erfahren. Von Norden nach Süden werden ein typischer Kanal, Auenwildnis, Fachwerk-Altstädte, Dörfer gestreift. Bahntrasse, Kanalpfad, Landsträßchen, ein Wasserschloss und ein sanfter Höhenzug stehen auch auf dem Programm.

KM 28,5

4 Kurpark Unna-Königsborn

O sole mio

KM 38,5

5 Wasserschloss Haus Opherdicke

La donna è mobile

KM 50,5

6 Rohrmeisterei Schwerte

Wir haben Hunger, Hunger, Hunger

KM 51,5 » ZIEL

Bahnhof Schwerte (Ruhr)

DAS RUHRGEBIET KÖNNTE AUCH LIPPEGEBIET HEIßEN …

… denn die Lippe beschließt das Ruhrgebiet im Norden, die Ruhr im Süden. Grund genug, beide mit einer Tour zu verknüpfen. Weil die Lippe in Hamm kanalähnlich begradigt ist, gibt's im Stadtzentrum ein Tête-à-Tête von Fluss und Datteln-Hamm-Kanal. Dieses kuriose Nebeneinander kann von einer **Mauer direkt am Kanalradweg** lässig beobachtet werden. Weiter westlich in Richtung Werne entschlüpft einem dann die Lippe, weil sie sich wieder in schwungvolle Bögen werfen darf und dabei geschützte Auen ausbildet. Der Radweg verschwindet dort sogar im Wald. Bis Rünthe ist man meist am Kanal unterwegs, wird aber hin und wieder von der Lippe geküsst, wenn sie sich in eine Südkurve legt.

FOTOGEN: IN DEN ALTSTÄDTEN VON UNNA UND SCHWERTE ÜBERRASCHT VIEL FACHWERK

Wie eng im Ruhrgebiet Natur und Industrie nebeneinander existieren, wird im **Naturschutzgebiet Tibaum** klar, wenn man an der Lippe zuerst einem Kraftwerk und, mit etwas Glück, gleich daneben einer wild lebenden Herde Heckrinder begegnet. In Rünthe ist dann Schluss mit Fluss, da man sich südwärts wendet und bis zum Erreichen der Ruhr in Holzwickede von Wasseradern abwendet.

Auf der Klöcknerbahn, einer Bahnradtrasse mit viel glattem Kies unter den Reifen, wird Bergkamen mit Sieben-Meilen-Stiefeln fast unmerklich durchquert – außer einem **Stopp beim Griechen**. Auch Kamen nimmt man man auf dem Weg nach Süden irgendwie mit. Gut ausgeschilderte Radwege durchmessen den ländlicheren Osten des Reviers, bis man in Unna ganz wunderbar mitten durch einen **Kurpark** mit gesalzener Historie und durch eine romantische Altstadt rollt.

Ein erneuter Szenenwechsel wirft einen jetzt in das leicht wellige Terrain Richtung der Ruhr. Die zu Holzwickede zählenden Weiler Billmerich und Opherdicke bieten herzallerliebste Anblicke samt ländlichen Aromen und sogar ein **Wasserschloss**, dessen Parkkunst zum Spaziergang einlädt.

Zum Finale nimmt man den Ruhrtalradweg auf. Stationen eines Planetenwegs führen bis nach Schwerte, wo sich Altstadt und das prächtige industrielle Erbstück der **Rohrmeisterei** aneinanderkuscheln. Ausklang mit Menü. «

Lichtpuls »Spectrum« von Olivier Ratsi im Lichtkunstmuseum Unna.

Datteln-Hamm-Kanal in Rünthe.

Kontrast: Gersteinkraftwerk vom Lippe-Naturschutzgebiet Tibaum.

RADELN & GENIEßEN

»START

Hauptbahnhof Hamm

Vor dem Hauptbahnhof beginnt die Tour am Knotenpunkt 7. Man folgt kurz der Beschilderung zum Punkt 8 an Kanal und Fluss.

Westernszene am Lippe-Naturschutzgebiet Tibaum.

KM 2

1 Auf der Hammer Hafenmauer

Sitting on the dock of the bay

Warum nicht mal eine Tour mit einem Picknick starten? Vielleicht nimmt man sich ja im Bahnhof einen Snack mit und sitzt dann wenige Minuten später auf dieser meterbreiten Mauer genau zwischen Lippe und Datteln-Hamm-Kanal. Nach Osten schauend, liegt die verkehrsträchtige Eisenbahnbrücke auch noch im Blickfeld. Natürlich nicht die Karibik, aber mit etwas Fantasie kann man daraus einen Hauch von »Sitting on the dock of the bay« von Otis Redding machen. Mit einem Verladekran als Denkmal am Kanalufer gegenüber ist die Hafenvision recht perfekt. Man sitzt ideal dort, wo der Radweg vom hier schnurgeraden Lippeufer hin abfällt respektive hochkommt. Ziemlich cooler Start für eine Radtour.

Westwärts zwischen Fluss und Kanal Richtung Werne zum Knotenpunkt 6, dann weiter am Kanal durch ein Waldstück am Kraftwerk rechter Hand vorbei. Nach dem Kraftwerk gut einen Kilometer rechts nach dem Ausguck im Gebüsch schauen.

Denkmal-Kran im Hafen von Hamm.

KM 10

2 Naturschutzgebiet Tibaum

Don't fence me in

Die Stelle im Naturschutzgebiet Tibaum ist leicht zu verfehlen. Es handelt sich um eine Ausguckplattform, die nur zwei Radelminuten nach jenem Punkt steht, wo schmaler Wald urplötzlich rechts vom Radweg den Blick auf die Türme des Kraftwerks in Werne-Stockum freigibt. Auch wieder rechts verschafft diese Plattform im Gebüsch einen durch Vegetation eingeschränkten Blick auf die Lippeaue. Mit Geduld und Glück kann eine etwa 30-köpfige Herde aus Heckrindern beobachtet werden. Die wild lebenden Rindviecher, eine gezüchtete Hausrindrasse, helfen bei der Landschaftsgestaltung. Zum Management der Tiere gehört, dass an wenigen Wochenenden im Jahr, etwa Mitte September, ein Verein von Rinderhirten die Tiere ruhig vom Westernsattel aus einem Tierarzt zuführt. (rinderhirten.eu)

Weiter westwärts bis Knotenpunkt 4, ab dort Richtung Bergkamen und Punkt 2. An diesem Punkt Richtung Bergkamen-Mitte und Punkt 1 auf eine wassergebundene Bahnradtrasse nach links abbiegen. In Bergkamen-Overberge liegt die Terrasse des Grillimbiss an der Kreuzung mit der Landwehrstraße.

Die Trauben beim Griechen hängen tief.

KM 18

3 Griechischer Imbiss in Bergkamen

Griechischer Wein

Weil das Grillrestaurant quasi auf der Klöcknerbahnradtrasse in Bergkamen-Overberge liegt, Fleischliebhaber also den lockenden Düften kaum ausweichen können, passt sich dieser erste richtige Verpflegungsstopp der Route ideal in den Radeltag ein. Die Terrasse im ruhigen Vorortambiente ist teilweise mit Weinstöcken abgedeckt, man kann sich fast wie im Urlaub fühlen. Spezialitäten sind Souvlaki und Soutzoukakia, aber auch Frikadellen, Kalamaris und eine ganze Schnitzelparade sowie Gyrosteller. Die Pause kann sich also hinziehen. (gyrosgrillbergkamen.de)

Weiter auf der Bahntrasse bis zum Punkt 2, dann rechts auf dem Seseke-Weg bis Punkt 1 in Kamen-Ost, dort weiter Richtung Punkt 31 bis zum Turm Friedensborn am Kurpark.

Dazu passt Opernmusik im Ohr.

KM 28,5

Kurpark Unna-Königsborn
O sole mio

Der Radweg schlängelt sich eine Weile durch den Kurpark, man darf also im Sattel bleiben. Aber gleich zu Beginn stoppt einen der eigenartige Turmbau, dessen Namensgebung Friedensborn auch nicht gleich erhellt. Also Räder in die dortigen Abstellbügel und einmal ums Bauwerk herum. Man erfährt auf Tafeln, dass Königsborn schon vor über 250 Jahren ein Salzkurort war und der Friedensborn die Windmühlenpumpe für das verschwundene Salz-Gradierwerk zur Sole-Verdunstung. Welches übrigens wieder entstehen soll! Bis dahin sind der Turm und das Fachwerkhaus daneben ein klasse Fotomotiv, und es besteht überdies die Möglichkeit, sich auf Tafeln über die erstaunliche Historie des Luftkurorts Königsborn zu bilden. Von wegen schlechte Luft im Pott!

Der Weg nach links durch den Kurpark nach Unna-Zentrum ist mit roten Pfeilen beschildert. Von Punkt 31 im Park Richtung Punkt 32 am Rathausplatz. Durchs Zentrum Unnas weiter zum Punkt 34 (Wasserstraße), dann südwärts über Billmerich nach Opherdicke (Punkt 36).

KM 38,5

Wasserschloss Haus Opherdicke
La donna è mobile

Höhepunkt der Tour. Radlerisch, weil der Ardey-Höhenzug sich hier gemächlich auf 180 Meter Höhe geschwungen hat. Weshalb das einstige Rittergut Opherdicke ein perfekter Kontrollposten gewesen sein muss. Heute ist man im Sinne der Kunst auf der Höhe. Denn das Lustwandeln im Park des heutigen Museums Haus Opherdicke bietet eine erbauliche sowie sinnliche Pause der Route. Ein Dutzend figürlicher Skulpturen im Park stammt von Bildhauer Raimondo Puccinelli, den italienisches und nordisches Gen umtrieb. Die schönen Künste waren sein Ding, auch Tanz und italienische Oper. Wer's mag, wählt mit Verdi und Puccini den passenden Soundtrack im Ohr für den Gang durch Landschaft, die französischen und englischen Gartenbau verquickt. Und nachher diese Torten! Auf dieser Café-Terrasse! Wirklich wahr, die Kuchen backt ein Tortenatelier.

Von Punkt 36 zunächst Richtung Fröndenberg zu Punkt 37 am Ruhrtal-Radweg, danach über die Schoofs Brücke zu Punkt 22. Weiter auf dem Ruhrtal-Radweg zum Punkt 25 – am Gasthof Wellenbad weiter auf dem Planetenweg entlang der Ruhr bis Punkt 38 an der Rohrmeisterei.

Das Salz in der Suppe des Kurparks.

Ruhrtal-Radelnde bitte hier speisen.

EXTRA INFOS:

Das ● **Zentrum für Internationale Lichtkunst** sprengt etwas den Rahmen einer Radtour. Genial untergebracht in den Räumlichkeiten der alten Lindenbrauerei stellen internationale Künstlerstars wie Ólafur Elíasson wechselnd aus (lichtkunst-unna.de).

KM 50,5

6 Rohrmeisterei Schwerte

Wir haben Hunger, Hunger, Hunger

Verwöhnprogramm nach der langen Reise. In dem großen Ziegelbau mit Gusseisen-Sprossenfenstern unter Tonnendach nimmt man in einem der atmosphärischsten Restaurants und Bistros des Ruhrgebiets Platz. Dabei ist der einzigartige Titel Rohrmeisterei eine sprachliche Liebkosung für ein ehemaliges Trinkwasser-Pumpwerk, in dem später Rohre instand gehalten wurden. An diesem Standort der Route der Industriekultur blühen Kultur und gute Küche unter der Ägide einer unsubventionierten Bürgerstiftung. Als kostenfreier Raum für gemeinnützig-kulturelle Schwerter Kulturveranstalter. Mehr örtliche Nachhaltigkeit geht kaum. Mehr heimischer Genuss auch nicht, und einige Gerichte sind mit zusatzfreiem Senf der altehrwürdigen Senfmühle zubereitet. Man trinkt natürlich lokales Bier.

Kurz über Ruhrstraße und Bahnhofstraße Richtung Punkt 39 am Bahnhof.

Fischsuppe und lokales Bier.

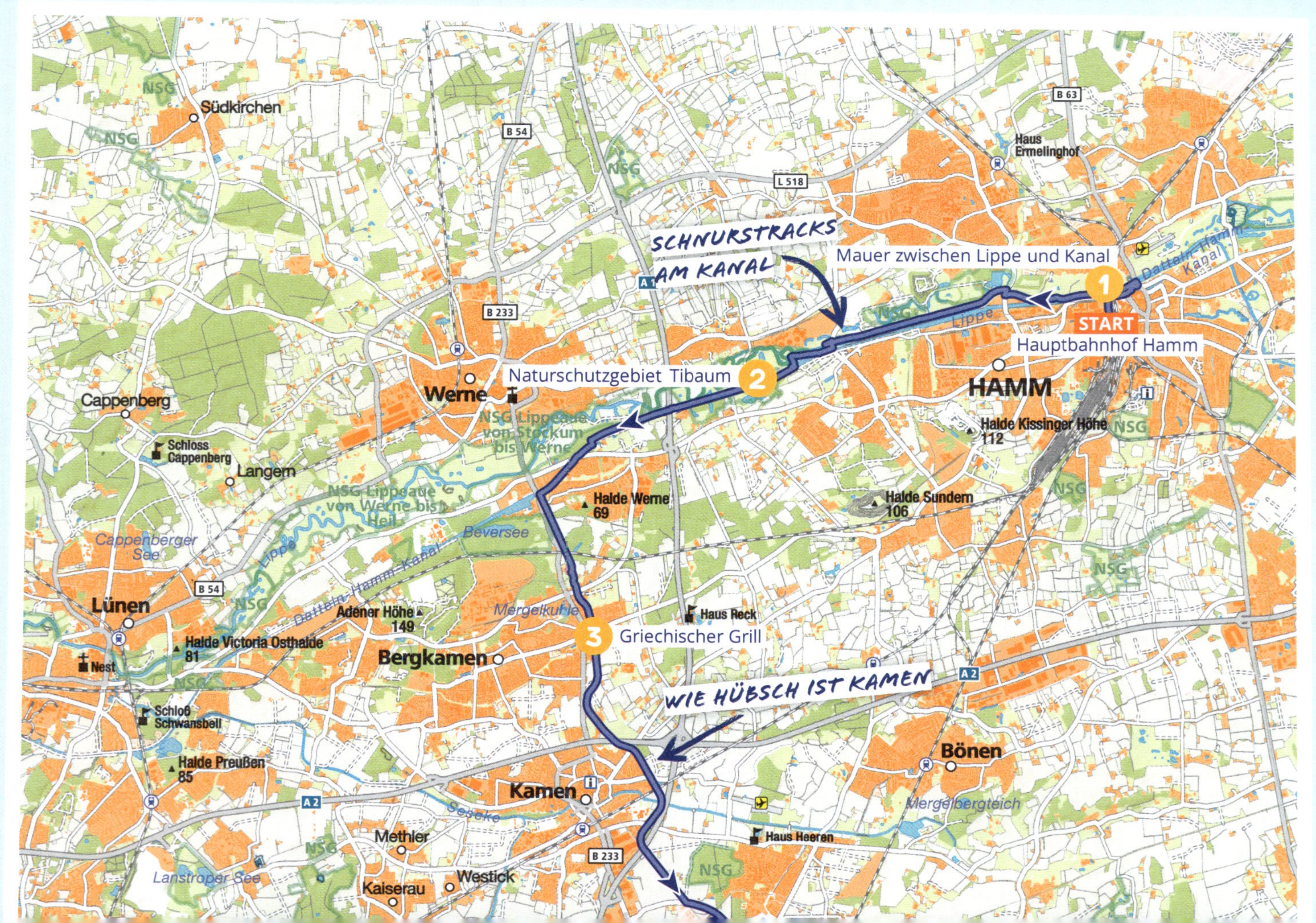

START
Hauptbahnhof Hamm
1
Mauer zwischen Lippe und Kanal
SCHNURSTRACKS AM KANAL
2
Naturschutzgebiet Tibaum
3
Griechischer Grill
WIE HÜBSCH IST KAMEN
HAMM
Werne
Bergkamen
Kamen
Lünen
Bönen
Südkirchen
Cappenberg
Schloss Cappenberg
Langern
Haus Ermelinghof
Halde Kissinger Höhe 112
Halde Sundern 106
Halde Werne 69
Haus Reck
Adener Höhe 149
Halde Victoria Osthalde 81
Nest
Schloß Schwansbell
Halde Preußen 85
Methler
Kaiserau
Westick
Haus Heeren
Mergelbergteich
Mergelkuhle
Beversee
Cappenberger See
Lanstroper See
Seseke
Lippe
Datteln-Hamm-Kanal
NSG Lippeaue von Stockum bis Werne
NSG Lippeaue von Werne bis Heil
NSG
B 63
B 54
L 518
B 233
A 1
A 2

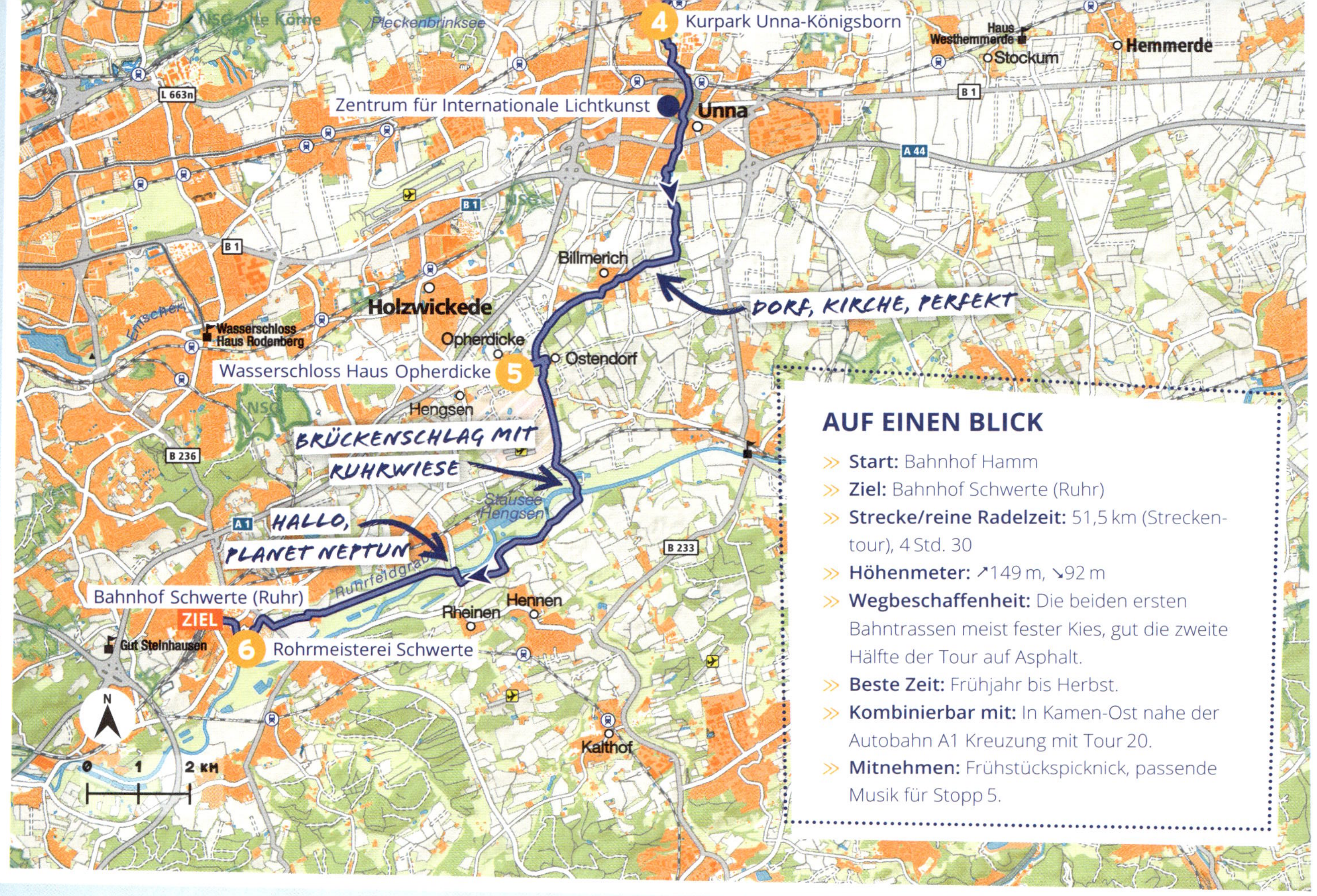

AUF EINEN BLICK

» **Start:** Bahnhof Hamm
» **Ziel:** Bahnhof Schwerte (Ruhr)
» **Strecke/reine Radelzeit:** 51,5 km (Streckentour), 4 Std. 30
» **Höhenmeter:** ↗149 m, ↘92 m
» **Wegbeschaffenheit:** Die beiden ersten Bahntrassen meist fester Kies, gut die zweite Hälfte der Tour auf Asphalt.
» **Beste Zeit:** Frühjahr bis Herbst.
» **Kombinierbar mit:** In Kamen-Ost nahe der Autobahn A1 Kreuzung mit Tour 20.
» **Mitnehmen:** Frühstückspicknick, passende Musik für Stopp 5.

DIE RADELPAUSEN

» START
Bahnhof Dorsten

KM 8

1 Selbstbediener-Kiosk in Kirchhellen
Pausenwiese

KM 14

2 Heidesee in Bottrop
Bärenruhe

KM 16,5

3 Restaurantpalette Grafenmühle
Bärenhunger

19 Natur-Parcours mit Hochgefühl

Von Dorsten über Bottrop nach Oberhausen

Unterwegs von Kanal zu Kanal kommt man durch so verschiedenes Terrain, dass man an eine Naturausstellung glaubt. Die Kirchheller Heide ist unterm Pflug, Waldseen verzücken mit Wildnis, entrückt thront eine karge Halde. Ein Golfplatz lässt Gras über Zechenhistorie wachsen. Brückenkunst zum Finale.

WAS PASSIERT EIGENTLICH ZWISCHEN DEN KANÄLEN, …

… die in Ost-West-Richtung den Schiffsverkehr im Ruhrgebiet ermöglichen? Wenn man von Norden nach Süden radelt? Von Dorsten am Wesel-Datteln-Kanal zum Rhein-Herne-Kanal in Oberhausen liegt ein prächtiges Stück grüner Lunge auf Bottroper Stadtgebiet. Hinter Dorsten nimmt einen dort die Kirchheller Heide auf. Dann geht's ordentlich in die Höhe.

Es radelt sich ausgeschildert und bequem an bäuerlichen Gehöften vorbei – eines bietet sogar eine **Pausenwiese** für Radler:innen an. Besonders im Spätsommer ist man in Maistunneln unterwegs. Diese tragen Schilder mit Straßennamen-Rätseln wie Lehmschlenke und Sensenfeld. Erstere meint eine lehmgeprägte Senke im ehemaligen Moorboden. Sensenfeld ist eine Verballhornung des Wortes Zesen, dass die Anlage eines Zisterzienserklosters abkürzend beschreibt.

GOLF SCHNUPPERN: KANN MAN FÜR ZWEI STUNDEN EINBAUEN

In der Folge wird das Ambiente wilder, und man tummelt sich im naturgeschützten Waldgebiet um den Bottroper **Heidesee**. Eine Kiesgrube wurde zur Seenplatte mit unerreichbaren Inseln. Das fühlt sich mehr nach nordischer Wildnis als wie ein Freizeitgebiet an, und so wild soll der Heidesee als Teil des europaweiten Netzes aus Schutzgebieten unter dem Titel »Natura 2000« auch sein.

Aus dem Walddickicht entkommt man auf entrückte Haldenhöhe. Um die **Halde Haniel** zu erklimmen, braucht's schon so 20 bis 30 Minuten Minuten Serpentinenfahrt – mit Motor geht's flotter. Es lohnt, sich zuvor in einem der **Grafenmühle-**Restaurants dafür zu stärken. Beim Aufstieg passiert man Bergbaureliquien und die Stationen eines Kreuzwegs. Folglich steht oben ein großes Gipfelkreuz nebst Altar. Auf der Spitze schaut man vom höchsten ständig begehbaren Haldenhimmel des Ruhrgebiets.

Die Tour hat noch mehr Wendungen parat. Über die Jacobi-Bahntrasse rauscht man erneut über manchmal ruppiges Waldgeläuf vom Haldenfuß aus südwärts, bis plötzlich das schrille Grün eines **Golfplatzes** aufploppt. Zum Finale kreuzt man dann endlich Emscher und Rhein-Herne-Kanal und wird mit einem extravagant-spielerischen **Brücken-Kunstwerk** verabschiedet. «

Zugvorfahrt am Tönsholter Weg.

St. Agatha – die Gute – wird in Dorsten zentral verehrt.

Mais sprießt im Spätsommer in der Kirchheller Heide.

RADELN & GENIEßEN

»START

Bahnhof Dorsten

Vom Bahnhof nach Westen gerichtet wird die City berührt, dann östlich vom Bahnhof der Beschilderung nach Bottrop-Feldhausen und Knotenpunkt 66 in Tönsholt gefolgt. Ab hier westwärts entlang der Route nach Kirchhellen zum Punkt 18 halten. Der Kiosk Pausenwiese winkt, kurz nachdem die Beschilderung zum Heidesee auftaucht.

KM 8

Selbstbediener-Kiosk in Kirchhellen

Pausenwiese

Pause an der Hofwiese 23! Ein Plätzchen am Dorfrand in Kirchhellen extra zum Verweilen für Durchradelnde. Eine Bauernfamilie hat neben ihrem Hof nicht nur Bänke und Tische aufgestellt, sondern gleich einen kleinen Snack-Kiosk hinzugefügt und ihn Pausenwiese getauft. Drinnen wirft ein Automat Schokoriegel, Getränke und Küchlein aus. Der Kaffeeautomat kommt vielen Radelnden wie gerufen. Eine Geldkassette setzt auf Ehrlichkeit. Draußen sitzt man, stärkt sich und klönt mit wildfremder Radlergesellschaft. Der Name ist Programm.

Weiter über kleine ruhige Landstraßen roten Pfeilen zum ausgeschilderten Heidesee folgen. Kurz vor dem Erreichen des Sees nach links Richtung Grafenmühle und Punkt 17 wenden. Am Ostufer des bewaldeten Sees öffnet sich der Blick und ein idealer Stopp.

Die Familie Askemper bittet zur Radelpause!

KM 14

2 Heidesee in Bottrop
Bärenruhe

Nachdem man den aus einer ehemaligen Kiesabgrabung entstandenen See durch das Uferdickicht nur erahnen kann, öffnet sich ein schöner Rastplatz mit offenem Zugang zum Rand des Heidesees. Da das Gewässer Teil von »Natura 2000«, eines europäischen Netzes von Schutzgebieten ist, sind Baden und Angeln verboten. Der Schutz des Biotops steht eindeutig über uneingeschränkter Freizeitnutzung. Der Blick übers Wasser auf kleine bewaldete Inseln taucht die Gegend gefühlt in nordische Wildnisstimmung. Die kleine Pause ist also eher zur Meditation bestimmt.

Bei der Raststelle ist das nahe Restaurant-Cluster Grafenmühle ausgeschildert.

Herzblut-Bierchen.

KM 16,5

3 Restaurantpalette Grafenmühle
Bärenhunger

Der ideale Verpflegungsstopp fügt sich lecker zwischen Ebene und Hochgefühl ein. Bevor man sich also auf die Halde kämpft: entspannen und stärken. Wie auf einer Waldlichtung liegen am Freizeitzentrum Grafenmühle gleich vier unterschiedliche Gastronomien, dazu ein Kiosk sowie ein Eissalon mit Backwaren. Der große Gastropub Herzblut erstreckt sich vom urigen Holzhaus-Interieur über einen Wintergarten bis zur Outdoor-Tischreihe. Es gibt Flammkuchen, Pasta, allerlei Schnitzel, aber auch einige Salate. Insgesamt herzhaft. Wer Nachtisch mag, sollte die paar Schritte zum Eissalon Purple Turtle für ein Frozen Joghurt gehen. (herzblut-bottrop.de)

Gradlinig nähert man sich der mächtigen Halde entlang ihrer Westflanke südwärts über die Poststraße bis zum Wanderparkplatz an der Kirchheller Straße. Ein Waldweg führt ausgeschildert zum Kreuzweg an der Halden-Südspitze, wo der Aufstieg zum Plateau beginnt. Alternativ radelt man Richtung Punkt 16 an der Ostseite der Halde entlang.

Der Heidesee ist tabu – nur für Menschen.

KM 21

4 **Halde Haniel**

Mystischer Monte Schlacko

Entrückt ist die richtige Beschreibung der 159 Meter hohen mächtigen Halde, von deren kargem XXL-Plateau man den Blick über ein Meer grüner Wipfel fliegen lassen darf. Heraus ragen industrielle Inseln wie die Schornsteine des Kraftwerks Scholven in Gelsenkirchen und Stahlwerke-Türme in Duisburg. Die Kirchheller Heide wirkt wie ein endloser Dschungel. Der beste Rundblick gelingt nicht vom päpstlich geweihten Gipfelkreuz, sondern von noch höherer Warte, wo ein flaches Rund aus einer Hundertschaft bunt getünchter Totempfähle aus grob behauenen Eisenbahnschwellen des baskischen Künstlers Agustín Ibarrola bei Sonnenlicht tanzende Schatten wirft. Der dritte Hingucker ist ein Amphitheater, in dem schon Opern gespielt wurden. Die Halde ist ein Katapult für Lenkdrachen und Mountainbikes.

Zurück am Beginn des Kreuzweg-Aufstiegs finden sich etwas südlich nahe der Brücke der A 2 Hinweisschilder zum südlich liegenden Golfplatz Jacobi, Knotenpunkt 9, sowie ein uriges Holzschild für die Jacobi-Haniel-Trasse. Am Ziel führt der Radweg direkt über den Golfplatz.

Nicht alles auf der Halde Haniel ist grau!

Pott-Design

KM 25

5 **Volksgolfplatz Jacobi**

Pottgolf

Wenn das dunkle Waldgrün plötzlich hellgrün blendet, ist man auf der Radtrasse Jacobibahn auf dem Golfplatz gelandet. Kurz nach einer Rechtskurve überquert man unvermittelt den Platz zwischen den beiden Neun-Loch-Runden, Driving Range und Clubhaus. Die Gefahr, von einem Ball getroffen zu werden, strebt nach Aussage des Platzwarts gegen null. Man kann also gefahrlos durchradeln, sein Rad am Eingang abstellen und sich das Treiben vom Rand der Übungswiese anschauen. Nicht ausgeschlossen, dass man eine neue Sportart für sich entdeckt, denn Volksplatz bedeutet, dass auch Nichtmitglieder spielen dürfen. Weshalb man auch Leute aus der Nachbarschaft trifft, die gerne über ihr Hobby reden. Der Platz ersetzt ehemaliges Zechengelände – Pottgolf eben. (pottgolf.de/gco)

Die Jacobi-Trasse führt gradlinig südwärts Richtung Punkt 9 vom Golfplatz durch den Olga-Park zu Emscher und Kanal in Oberhausen Neue Mitte, wo die künstlerische Brücke rechter Hand kurz am Kanal entlang wartet.

KM 30

6 Brücke Slinky Springs to Fame
Kanalschmuck

Wer beim Aussprechen des Titel zu lispeln befürchtet, kann auch Rehberger-Brücke sagen, denn der Künstler mit dem Vornamen Tobias hat den spielerischen Übergang über den Rhein-Herne-Kanal erdacht. Und sie dem Emscher Kunstweg als Sprungbrett in den Oberhausener Kaisergarten etwas westlich vom berühmten Gasometer hinzugefügt. Hier schiebt man besser sein Rad über das bunt gekachelte Geläuf, das sich fast wie ein Teppich anfühlt. Auch von ihren Enden aus ist die Brücke sehr fotogen. Ihre Gestaltung lässt sie aussehen wie die leicht ausgezogene Schraubenfeder eines Treppenläufer-Spielzeugs. Niemand überquert diese Brücke im Eilschritt.

Durch den Kaisergarten südlich des Kanals steuert man den Hauptbahnhof ausgeschildert über Duisburger- und Hansastraße an.

EXTRA INFOS:

Wer jetzt die Bottroper Halde mit der berühmten Landmarke ● **Tetraeder** auf dem Gipfel vermisst, kann die Tour am Kanal um elf Kilometer verlängern und vom Berne-Park (Tour 11) in Bottrop aus die Halde beschildert ansteuern.

KM 33,5 » ZIEL
Hauptbahnhof Oberhausen

Bitte nicht über diese Brücke radeln!

AUF EINEN BLICK
» Start: Bahnhof Dorsten
» Ziel: Hauptbahnhof Oberhausen
» Strecke/reine Radelzeit: 33,5 km (Streckentour), 3 Std.
» Höhenmeter: ↗156 m, ↘156 m
» Wegbeschaffenheit: Knapp zwei Drittel Asphalt, der Rest ist fester Kies. Um die Halde nach starkem Regen furchig.
» Beste Zeit: Frühjahr bis Herbst.
» Kombinierbar mit: Am Rhein-Herne-Kanal in Oberhausen Anschluss an Tour 11.
» Mitnehmen: Picknickdecke, gut aufgeladener E-Bike-Akku.
START Bahnhof Dorsten
Dorsten
ALTSTADT
HARDT
FELDMARK
Lippe
Wesel-Datteln-Kanal
Östrich
Besten
NSG
Hardtbergsee
B 225
A 31
Dorsten
Bottrop-Feldhausen
Altendorf-Ulfkotte
B 224
TRAINSPOTTING
1 Selbstbediener-Kiosk
Hardinghausen
Schloss Beck
Feldhausen
Bottrop-Kirchhellen
Kirchhellen
FELDER-PUZZLE
OVERHAGEN
HOLTHAUSEN
ZWECKEL
SCHOLVEN
Weihnachtssee
Heidesee
2 Heidesee
Naturschutzgebiet Kirchheller Heide
Gladbeck
L 615
SCHULTENDORF
L 511
RENTFORT
Grafenwald
NSG Hiesfelder Wald
A 3
3 Grafenmühle
Gladbeck
Halde Graf Moltke
60

4 Halde Haniel
5 Golfplatz Jacobi
6 Slinky Springs to Fame
ZIEL Hauptbahnhof Oberhausen
Tetraeder
NOCH NE TRASSE
FINALE MIT STADTVERKEHR
BOTTROP
OBERHAUSEN
ESSEN
WALSUMERMARK
KÖNIGSHARDT
SCHMACHTENDORF
HOLTEN
ALSFELD
KLOSTERHARDT
St. Antony Hütte
STERKRADE
FUHLENBROCK
EIGEN
BOY
BATENBROCK
Siedlung Mathias-Stinnes
KARNAP
HORST
BRAUCK
Halde Graf Moltke 89
Mottbruchhalde 117
Halde 22 76
VONDERORT
OSTERFELD
Burg Vondern
EBEL
Haus Horl
VOGELHEIM
ALTENESSEN
NEUMÜHL
NEUE MITTE
BORBECK
DELLWIG
BERGEBORBECK
Knappenhalde 102
GERSCHEDE
BORBECK-MITTE
BOCHOLD
FRINTROP
Schloss Borbeck
BEDINGRADE
DÜMPTEN
ALTENDORF
SCHÖNEBECK
STYRUM
Emscher
A 2
A 3
A 40
A 42
A 516
B 223
B 224
B 231
L 445
L 631
L 64
0
1
2 KM
N

DIE RADELPAUSEN

»START
Bahnhof Dortmund-Scharnhorst

KM 12,5
1 Seseke-Park in Kamen
Literarische Stadtterrasse

KM 17
2 Rastplatz am Seseke-Weg
Herzliche Lounge

KM 26,5
3 Hofcafé Louven
Erdbeerpause

20 TIEF IM OSTEN

Von Dortmund über Kamen und Bönen nach Unna

Thema dieser Ost-Runde ist das Ruhrgebiet 2.0. Back to Nature! Man findet Bachläufe ohne ›Köttel‹, den letzten Förderturm in Bürgerhand und einen Alleenradweg statt Schienenverkehr. Natur, Technik und Kultur heilen die Schürfwunden des Bergbaus. Würze der Route sind Landluft, Pferdeäpfel und Fachwerk.

KM 28
4 Alter Bahnhof Lenningsen
Royal Station

KM 32,5
5 Rastbank am Alleenradweg
Holzwegkur

KM 39
6 Restaurant Flammes in Unna
Flammkuchen-Date

KM 40 » ZIEL
Bahnhof Unna

WO, BITTE, GEHT'S ZUM OSTPOL?

Des Ruhrgebiets, sei hinzugefügt. Der kubische Förderturm der Schachtanlagen III/IV der Zeche Königsborn wird Ostpol genannt, seit der Künstler Mischa Kuball 1999 hier eine Lichtinstallation anbrachte. Sie entsprach der Inszenierung an einem inzwischen abgerissenen Förderturm in Kamp-Lintfort, die den Westpol 80 Kilometer westlich markierte. Bleibt also nur der Ostpol, dessen 67 Meter grafisch ins Bild rücken, nachdem man an der Landstraße Schwarzer Weg in Bönen einen denkmalgeschützten ehemaligen Bauernhof passiert hat.

Bis hierher ist man schon eine ganze Weile auf schönen Schleichpfaden unterwegs. Denn vom Bahnhof in Dortmund-Scharnhorst wird nacheinander der Lauf zweier Flüsschen verfolgt. Typisch an diesen beiden ist ihre Verwandlung von volksmundhaften »Köttelbecken« – grotesken Schmutzwasserläufen – zu sauberen Fischgewässern. Zunächst folgt man dem Radweg an der Körne im Gleichschritt mit einer viel befahrenen Bahnstrecke, gegen die man durch eine Hecke abgeschirmt ist. In Kamen mündet die Körne in die Seseke und der Körne-Radweg an einem Rohrenkunstwerk in den **Seseke-Weg**. In Kamen feiert man seinen sauberen Fluss mit **künstlerischer und sportlicher Uferpromenade**.

FÜNF BÖGEN FÜR DIE EWIGKEIT: DIE SESEKE-BRÜCKE IST UNKAPUTTBAR UND SEHENSWERT

Ab hier wird's ländlich und man streift auf Asphalt auch entlang von Landstraßen durch beschauliche bäuerliche Gegend mit einigem Fachwerk bis zum Ostpol. Ein **Erdbeerhof-Café** in Flierich passt sich organisch in den Tag ein, dient als kulinarischer Stopp und Wendepunkt der Reise. Über eine Bahntrasse macht man kehrt und rollt zurück gen Westen. Das ländliche Umfeld bleibt zunächst, nicht aber die Aura des Radwegs.

Der **Alleenradweg** ist nämlich genau das: ein von Bäumen gesäumter Tunnel, der einen unbehelligt Richtung Unna geradezu lustwandeln lässt. Die asphaltierte Bahntrasse gehört zu den schönsten dieser Art von Radwegen im ganzen Ruhrgebiet und bietet unter anderen auch **einen royalen Moment.** Als sei das nicht genug, durchrollt man als Schlussakt auch noch den Stadtpark von Königsborn ins schöne Unna, wo es **Flammkuchen** gibt. Das Lichtkunst-Museum ist ein Bonus. «

Psst! Wegglück in Kamen.

Auch die Seseke, ein Lippe-Nebenfluss, ist revitalisert.

Pferdehof am Schwarzen Weg in Bönen.

RADELN & GENIEẞEN

»START
Bahnhof Dortmund-Scharnhorst

Vom Bahnhof nach Osten wenden und gut 100 Meter die eine Rechtskurve beschreibende Flughafenstraße entlang bis zum beschilderten Einstieg in den Körne-Radweg Richtung Kurl.

KM 12,5

Seseke-Park in Kamen

Literarische Stadtterrasse

Kamen gibt sich mit einem Fluss-Park und feiner Radweg-Terrasse die Ehre. Weshalb man staunend innehält. Da stehen Trimmgeräte, Bänke und sogar eine Art Mini-Amphitheater in den abfallenden Flusswiesen. Eine Reparaturstele auf der Brücke wurde nicht vergessen. Also vielleicht ein wenig an Geräten strecken, vor allem aber die Aura eines kleinen Flusses genießen, der vom über die Ufer tretenden schlafenden Monster zum Schmuckstück einer Stadtterrasse wurde. Durch Stelen, platziert von Kamener Literaturfans, bekommt man Denkanstöße durch Zitate berühmter Geister zum Thema Freiheit.

Nach der Maibrücke geht's südwärts bis zu einem Kreisverkehr, dann wieder über den Radweg Richtung Knotenpunkt 1 bei der Autobahn A1, danach Richtung Punkt 28.

Wiederbelebung der Seseke in Kamen.

Herzallerliebste Rast am Seseke-Weg.

SIESTA!

KM 17

2 Rastplatz am Seseke-Weg
Herzliche Lounge

Kurz nachdem rechter Hand ein kleines Wasserschloss passiert wurde, hat man der Seseke und den Radelnden östlich von Kamen einen herrlichen Rastplatz gegönnt. Das herzförmige Sitz-Arrangement aus Holzplattform und Felsblöcken umgibt einen Baum, sodass fast etwas wie Dorfplatz-Gefühl im Nirgendwo aufkommt. Der Griff zum mitgeführten Picknick liegt nahe, das Gespräch mit anderen vielleicht auch hier zur Rast verführten Fahrradfreaks kommt in Gang. Von den am Radweg lose aufgestellten Kunstwerken ist die mit großen Schmetterlingen bemalte Betonscheibe hier am Rastplatz das naivste.

Dem Seseke-Weg Richtung Bönen und Punkt 28 folgen. Über die Landstraße Schwarzer Weg wird der Förderturm in Bönen gestreift und ab Punkt 28 ist Punkt 29 nach Fliérich ausgeschildert. Am Punkt 29 freut der Alleenradweg, aber zuerst der Beschilderung zum Erdbeerhof-Café folgen.

KM 26,5

3 Hofcafé Louven
Erdbeerpause

Der kleine, gut ausgeschilderte Abstecher in Fliérich ist den Umweg wert. Das Hofcafé liegt inmitten von Felderwirtschaft und verfügt über eigene Erdbeerfelder. Saisonfrüchte und -gemüse sind Trumpf, etwa Spargel, Erdbeeren oder Heidelbeeren. Auf der großen Terrasse werden leckere Kuchen und Waffeln serviert, aber auch Herzhaftes wie Currywurst. Das freundliche Ambiente des Familienbetriebs wird von etlichen Radler:innen für eine Erfrischungspause angesteuert. (erdbeerhof-louven.de)

Die Landstraße bis zur ersten Abbiegung nach links zurückfahren und über den Gnadenweg auf den Alleenradweg nach links einfädeln. Kurz darauf Halt am Alten Bahnhof Lenningsen.

Erdbeerkuchen bis zum Abwinken.

The Queen was here!
Gedenken mit Rosen.

KM 28

Alter Bahnhof Lenningsen
Royal Station

Der mal durch die Zeitläufte berühmte und wegen des Zweiten Weltkriegs auch berüchtigte Bahnhof schläft heute am Alleenradweg einen Dornröschenschlaf. Die Rosen sind spärlich gepflanzt, erinnern jedoch an einen nächtlichen Zugaufenthalt der Queen. Sie besuchte seinerzeit die britischen Truppen in der Börde. Am 25. Mai 1965 stand der Sonderzug von Elisabeth II. in Lenningsen bis zum Frühstück auf dem Gleis. Sie zeigte sich dem Volk nicht, dennoch bewahrt die Geschichte bis heute einen royalen Glanz. Zwei Steinreliefs – eine Rose und eine Inschrift – sind deshalb den Stopp am historischen Bahnhof wert. Ebenso eine Reparaturstele mit Luftpumpe.

Dem Alleenradweg ist leicht zu folgen. Unterwegs muss ein Schlenker für einen beschrankten Bahnübergang eingelegt werden. Kurz danach steht eine rustikale Bank und lädt zum Wald-Stopp ein.

KM 32,5

Rastbank am Alleenradweg
Holzwegkur

Den Namen der schnurgeraden ebenen Trasse auf einer alten Bahnstrecke kann man wörtlich nehmen. Führt sie doch meist durch ein Spalier aus im Sommer schattenspendenden Bäumen, sodass man durch einen belaubten Tunnel zwischen Feldern rollt. Frühjahr und Herbst bieten jeweils eigene Stimmungen. Diese Bank und alle anderen Sitzgruppen sind aus lokalem Holz gefertigt und fügen sich wunderbar homogen in das Waldambiente ein. Man unterbricht hier den Flow des asphaltierten Radelns und taucht ein in Waldgefühl und -geruch. Im Herbst sprießen Pilze. Die Pause lässt mehr Sinne aufleben. Toller Ort für etwas Waldyoga.

Dem Radweg bis zum Bahnhof Unna-Königsborn bei Punkt 30 folgen, dann über die Friedrich-Ebert-Straße bis zum Rathausplatz (Punkt 32). Über Bahnhofstraße und Hertingerstraße durch die Altstadt bis zur Flügelstraße, dann rechts zur Gürtelstraße.

Do-it-yourself ist in
Lenningsen möglich.

EXTRA INFOS:

Das weltweit einzigartige ● **Zentrum für Internationale Lichtkunst (ZFIL)** befindet sich in den Gebäuden der ehemaligen Lindenbrauerei von Unna. Die rauen Katakomben werden durch Topstars des Genres fantastisch bespielt, etwa von Ólafur Elíasson und James Turrel. (lichtkunst-unna.de)

MACH MAL PAUSE!

KM 40 » ZIEL

Bahnhof Unna

KM 39

6 Restaurant Flammes in Unna

Flammkuchen-Date

Ein schöner kulinarischer Abschluss der Radtour gelingt im Flammes. Die Fassade in der Gürtelstraße 7 sowie das gemütliche Interieur passen sich perfekt in die gemütliche Altstadt Unnas ein. Serviert wird eine Flammkuchen-Auswahl mit oft würzig-süßer Ausrichtung. So werden als Topping etwa Gorgonzola mit Walnüssen, Schafskäse mit Datteln oder Ziegenkäse mit Preiselbeeren gepaart.

Über die Klosterstraße ist der Bahnhof flott erreicht.

AUF EINEN BLICK

- **Start:** Bahnhof Dortmund-Scharnhorst
- **Ziel:** Bahnhof Unna
- **Strecke/reine Radelzeit:** 40 km (Streckentour), 3 Std. 30
- **Höhenmeter:** ↗57 m, ↘32 m
- **Wegbeschaffenheit:** Die beiden ersten Bahntrassen meist fester Kies, gut die zweite Hälfte der Tour auf Asphalt.
- **Beste Zeit:** Sommer, Herbst.
- **Kombinierbar mit:** In Kamen-Ost nahe der Autobahn A1 Kreuzung mit Tour 18.
- **Mitnehmen:** Sonnencreme, Picknicksachen.

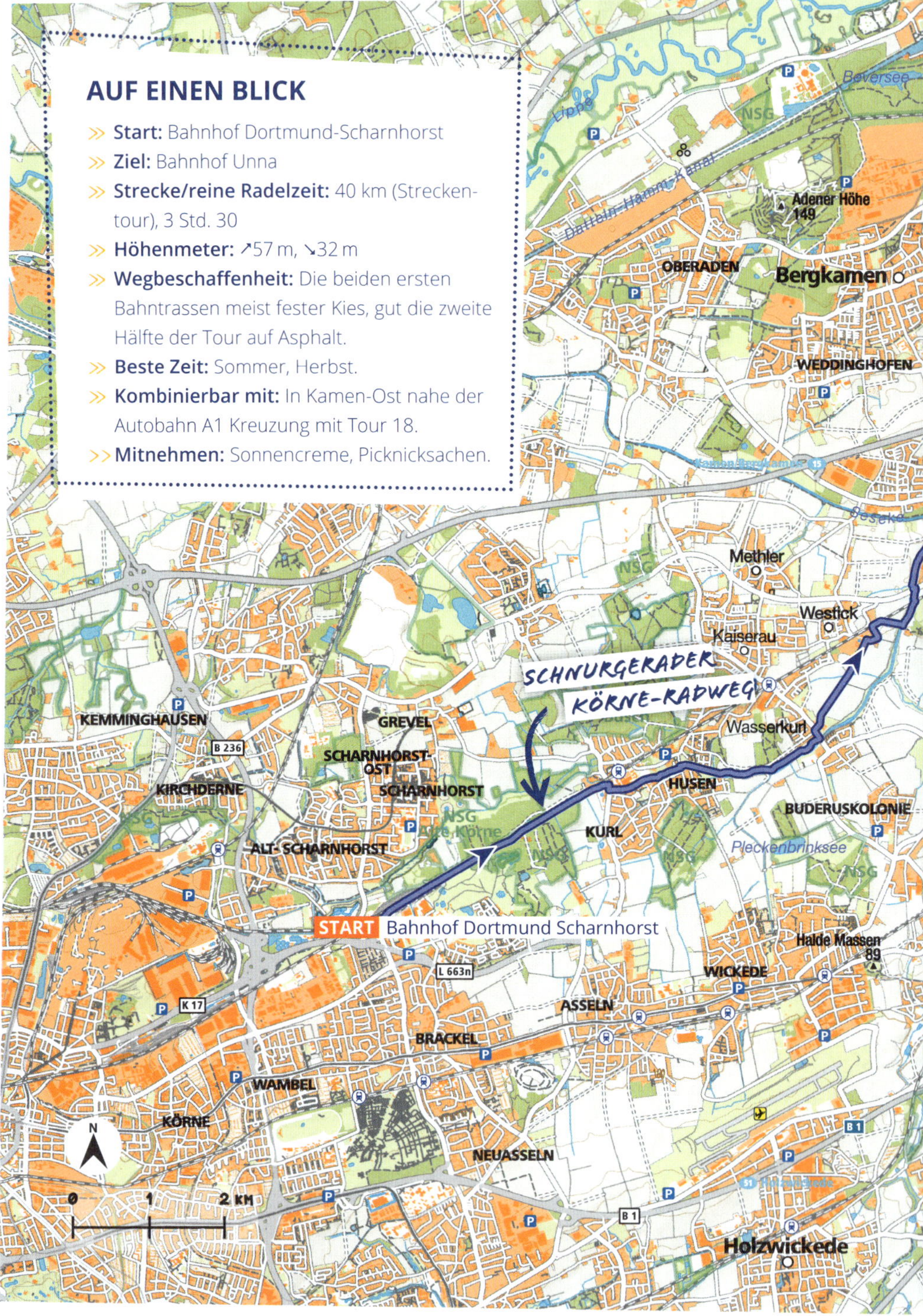

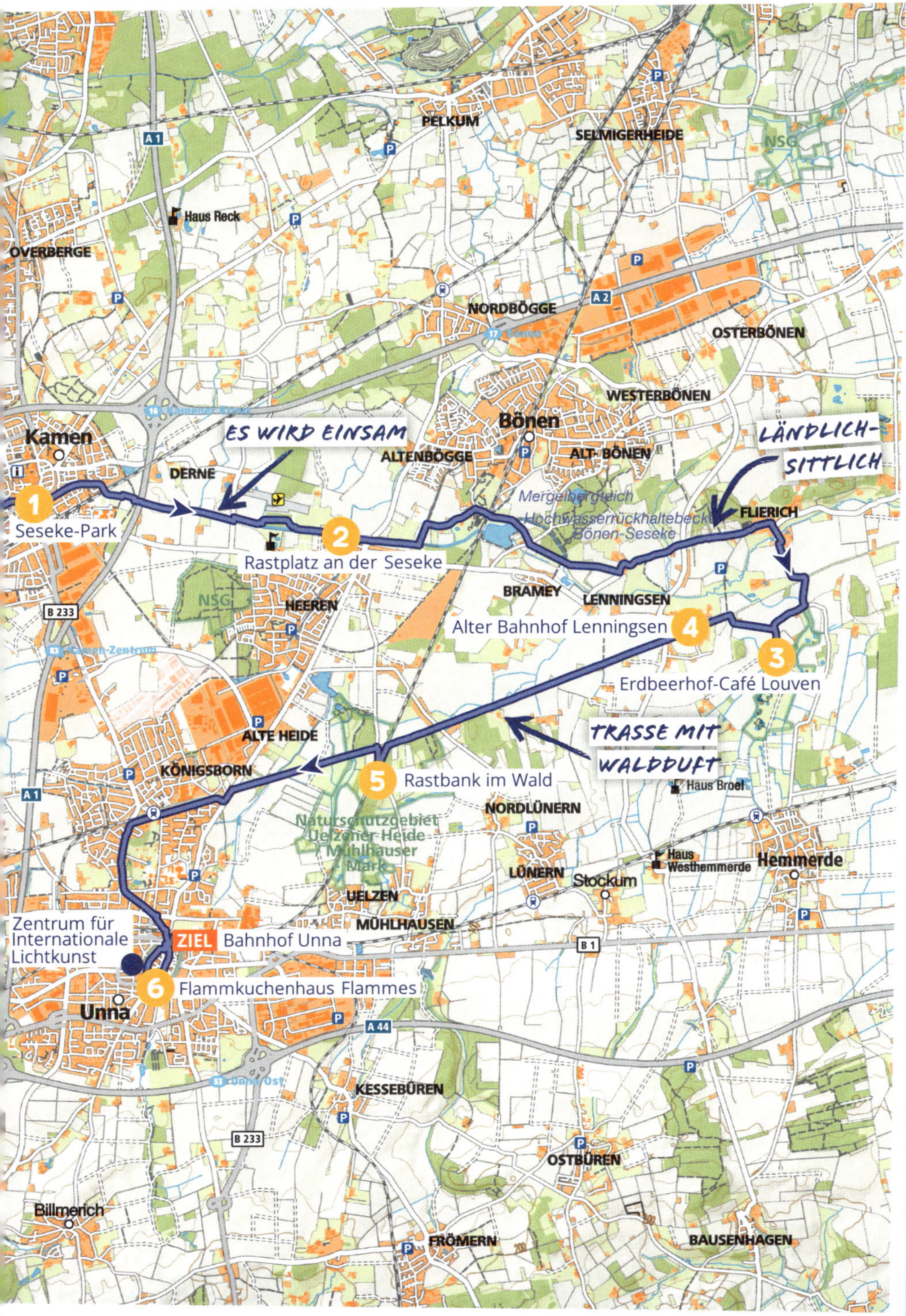

Seseke-Park
Rastplatz an der Seseke
Erdbeerhof-Café Louven
Alter Bahnhof Lenningsen
Rastbank im Wald
Flammkuchenhaus Flammes
ZIEL Bahnhof Unna
Zentrum für Internationale Lichtkunst
ES WIRD EINSAM
LÄNDLICH-SITTLICH
TRASSE MIT WALDDUFT
Kamen
Bönen
Unna
Hemmerde
Stockum
Billmerich
PELKUM
SELMIGERHEIDE
OVERBERGE
Haus Reck
NORDBÖGGE
OSTERBÖNEN
WESTERBÖNEN
ALTENBÖGGE
ALT-BÖNEN
DERNE
FLIERICH
Mergelbergteich
Hochwasserrückhaltebecken Bönen-Seseke
BRAMEY
LENNINGSEN
HEEREN
ALTE HEIDE
KÖNIGSBORN
NORDLÜNERN
Haus Broel
Naturschutzgebiet Uelzener Heide Mühlhauser Mark
LÜNERN
Haus Westhemmerde
UELZEN
MÜHLHAUSEN
KESSEBÜREN
OSTBÜREN
FRÖMERN
BAUSENHAGEN
NSG
A 1
A 2
A 44
B 1
B 233

AUCH NOCH GANZ NÜTZLICH

ORTSREGISTER

IMPRESSUM

» **Text:**
Martin Müller

» **Cover- und Buchgestaltung:**
Carolin Weidemann, Köln, www.weidemann-design.com

» **Lektorat & Produktion:**
Verlagsbüro Wais & Partner, Stuttgart, www.wais-und-partner.de

» **Fotos:**
Titelfoto: Daniela Baumann/Shutterstock; Fotos Innenteil: Martin Müller

» **Kartografie:**
©KOMPASS-Karten GmbH, kompass.de unter Verwendung von ©OpenStreetMap Contributors, osm.org/copyright

» **S. 222 / 223:**
Marie Geißler (Illustration), Jens Bey (Text)

Printed in Poland

1. Auflage 2024

ISBN 978-3-616-03190-3
www.dumontreise.de

RECHTS ODER LINKS? IMMER WISSEN, WO'S LANGGEHT!

» TOURENVERLAUF
GPX-Daten zum kostenlosen Download
www.dumontreise.de/radelzeit/ruhrgebiet

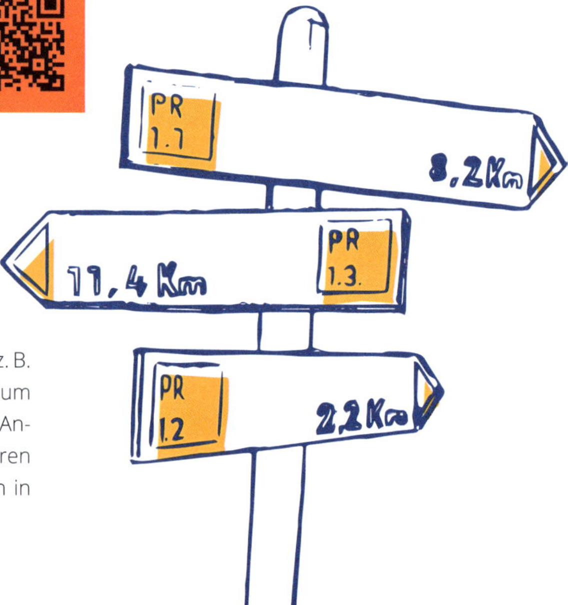

GPX-DOWNLOAD AUFS SMARTPHONE – SO GEHT'S

» **Voraussetzung:**
Eine Outdoor-App muss installiert sein, z. B. KOMPASS, Outdooractive oder Komoot. Zum Einlesen des QR-Codes benötigen ältere Android-Geräte eine QR-Code-App. Bei neueren Android- und iOS-Geräten ist diese Funktion in der Kamera integriert.

» **Daten downloaden:**

1. Den QR-Code einlesen oder die Webadresse im Browser eingeben, um auf die Radelzeit-Website zu gelangen.
2. Die gewünschte Tour zum Download anklicken.
3. Bei iOS-Geräten werden die GPX-Daten direkt mit der vorab installierten App verknüpft. Bei Android-Geräten muss ggf. noch ein Weiterleiten-Button geklickt werden (z. B. oben rechts im Display). Manche Apps zeigen den Tourverlauf starr an, andere haben eine Navigationsfunktion dabei.

Erzbahn

WEITERRADELN …

ISBN 978-3-616-03197-2

ISBN 978-3-616-03195-8

ISBN 978-3-616-03189-7

ISBN 978-3-616-03196-5

ISBN 978-3-616-03188-0

Noch mehr Radelinspiration gibt's im gut sortierten Buchhandel und unter www.dumontreise.de

YOGA FÜR DAVOR UND DANACH

SCHMETTERLING

» Setze dich auf den Boden und lege die Unterseiten deiner Füße aneinander, indem du die Knie nach außen fallen lässt. Nun langsam, ohne viel Kraft, nach vorne lehnen und die Füße mit den Händen umschließen. Entspannt drei Minuten in der Position bleiben, langsam und tief durch die Nase ein- und ausatmen. Um die Übung zu verlassen, die Hände neben bzw. hinter den Körper legen, langsam ein Bein nach dem anderen ausstrecken und nach vorne bringen.

HÖR AUF DEIN HERZ

» Lege dich rücklings auf den Boden, ziehe die Knie an und stelle die Füße flach auf den Boden. Lass jetzt die Knie zur Seite fallen und bring die Fußsohlen zusammen. Lege eine Hand auf deinen Bauch und eine Hand in die Nähe deines Herzens. Schließe deine Augen, atme tief ein und aus und halte die Position mindestens 30 Sekunden lang.

KATZENBUCKEL

» Gehe auf alle viere, die Knie direkt unter der Hüfte. Handgelenke, Ellenbogen und Schultern liegen auf einer geraden Linie, die Arme sind gestreckt, der Kopf in Verlängerung des Rückens mit Blick nach unten. Mache mit dem Ausatmen den Rücken rund, der Kopf geht Richtung Boden, wird aber nicht auf die Brust gepresst. Während des Einatmens wandert dein Bauchnabel in Richtung Boden, hebe gleichzeitig den Kopf. Wiederhole die Übung mehrmals.

ZURÜCKGELEHNT

» Knie dich auf den Boden, mit den Oberseiten deiner Füße auf dem Boden. Bring die Knie zusammen, dein Gesäß geht langsam zum Boden, deine Füße rutschen zur Seite und kommen neben deinen Hüften zu liegen. Schiebe mit den Händen deine Oberschenkel nach innen, lehne dich zurück auf deine Unterarme und lege den Oberkörper langsam ab. Halte die Position für mindestens 30 Sekunden.

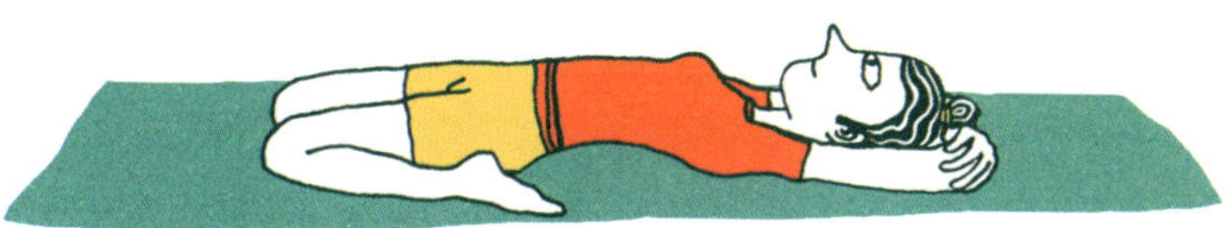

DIE PERFEKTE TOUR …

#FÜR SONNENHUNGRIGE

Rheindamm und Auenlandschaft oben ohne: Zwischen dem Orsoyer Bogen, der Bislicher Insel und dem Ziel in Xanten steht über einem bloß der blanke Himmel.

» TOUR 16, S. 164

#FÜR NEUGIERIGE

Alles, was man über Stahlwerke, Zechen und Trassenbrücken wissen will: Der Schilderwald in Westpark, an Erzbahn und Zeche Ewald ist enzyklopädisch.

» TOUR 1, S. 14

#FÜR WASSERRATTEN

So viel lockendes Wasser, kaum offizielle Badespots. An der Ruhr nur in Dahlhausen, der Baldeneysee hat ein Strandbad. Sich abkühlen tun dennoch viele.

» TOUR 3, S. 34

#FÜR LECKERMÄULER

Ein Restaurantschiff in Essen, der Mülheimer Wasserbahnhof nahe der City und die Restaurants im Duisburger Innenhafen – macht drei Gänge auf der Tour.

» TOUR 8, S. 84

#FÜR SPORTLICHE

Die Qual liegt weniger im bisweilen steilen Aufstieg, denn in der Auswahl der Bergehalden. Diese vier sind höchst verschieden und bieten Kunst on top.

» TOUR 5, S. 54